Johannes Greving

Wirtschaft verstehen

POCKET THEMA

Cornelsen
SCRIPTOR

Der Autor
Johannes Greving ist Lehrer an einem Gymnasium in Niedersachsen, Lehrbeauf-
tragter an der Universität Oldenburg und Autor von Fachbüchern.

 http://www.cornelsen.de

Gedruckt auf chlorfrei gebleichtem Papier
ohne Dioxinbelastung der Gewässer.

Die Deutsche Bibliothek - CIP-Einheitsaufnahme
Greving, Johannes:
Wirtschaft verstehen / Johannes Greving. - Berlin : Cornelsen Scriptor, 2001
  (Pocket Thema)
  ISBN 3-589-21538-0

Dieses Werk berücksichtigt die Regeln der reformierten Rechtschreibung und
Zeichensetzung.

5. 4. 3. 2. 1. €   Die letzten Ziffern bezeichnen
05 04 03 02 01   Zahl und Jahr der Auflage.

Redaktion: Gabriele Teubner-Nicolai, Berlin
Umschlaggestaltung: Bauer + Möhring, Berlin, unter Verwendung eines Fotos
von Getty Images
Layout und Herstellung: Julia Walch, Bad Soden
Zeichnungen: Rainer Fischer, Berlin
Druck: Clausen & Bosse, Leck
Printed in Germany
ISBN 3-589-21538-0
Bestellnummer 215380

Inhalt

„Erst kommt das Fressen, dann die Moral"

Die Bedürfnisse des Menschen

Das Schlaraffenland und die Wirtschaftslehre

Wer kennt nicht die Mär vom Schlaraffenland: Demjenigen, der es geschafft hatte, sich durch einen dicken Wall von Hirsebrei hindurchzuessen, dem winkte ein sorgenfreies Leben im Überfluss. Alles, buchstäblich alles, was sein Herz begehrte, wurde ihm ohne jede Mühe oder Anstrengungen, ohne Gegenleistung und Zeitverzögerung zuteil! Einmal ganz abgesehen davon, ob so ein Leben erstrebenswert und gesundheitsförderlich gewesen wäre, ist eines ganz klar: Ein Buch über Wirtschaftskunde und Ökonomie wäre in diesem Land ein „Megaflop" geworden, denn wozu soll man sich mit Wirtschaften befassen, wenn alles in unbegrenzter Menge und ohne jeden Arbeitseinsatz vorhanden ist?

Der Zwang zum ökonomischen Handeln

Da wir nicht im Schlaraffenland leben, sondern in einer Welt, in der (fast) alle Ressourcen nur begrenzt vorhanden sind, müssen wir sparsam und sinnvoll – eben „ökonomisch" – mit ihnen umgehen. Dieses für unser Leben und unsere Gesellschaft grundlegende *Gesetz der prinzipiellen Knappheit* und Begrenztheit ist der Ausgangspunkt aller wirtschaftlichen Überlegungen und jeder Wirtschaftskunde. Dem Zwang zum ökonomischen Handeln unterliegt jeder – gleichgültig ob er Leiter eines großen Wirtschaftsunternehmens ist oder sich nur um seinen „Ein-Personen-Haushalt" kümmern muss.

Grund- und Luxusbedürfnisse

In einer repräsentativen Umfrage zum Jahrtausendwechsel wurden die Bundesbürger nach ihren Bedürfnissen befragt. Dabei ergab sich folgende Rangfolge: Die Deutschen wünschen sich in erster Linie Gesundheit, dann einen sicheren Arbeitsplatz, stabile Preise und mehr Geld, Frieden auf der Welt und besseren Umweltschutz. Auf den weiteren Rängen finden sich Wünsche nach mehr Urlaub, besseren und billigeren Schutz bei Krankheit, besseren Schutz vor Kriminalität usw. Diese Wünsche und Bedürfnisse lassen sich nach verschiedenen Kriterien ordnen und sie haben einen sehr verschiedenen Bezug zum wirtschaftlichen Handeln. Man kann vom Gesichtspunkt der Notwendigkeit ausgehen, dann gibt es *Grund-* und *Luxusbedürfnisse*; man kann kollektive von individuellen Bedürfnissen unterscheiden; man kann immaterielle von materiellen Bedürfnissen trennen usw.

Die Bedürfnisse lassen sich in eine Rangfolge bringen. Brecht hat das einmal sehr drastisch ausgedrückt: „Erst kommt das Fressen, dann die Moral." Erst müssen die Grundbedürfnisse erfüllt werden, insbesondere diejenigen, die wir zum bloßen Überleben brauchen, dann sind die weiteren „an der Reihe". Wenn auch eine solche Rangfolge nicht ausschließlich auf die ökonomische Dimension bezogen ist, so zeigt sie doch die Entwicklung menschlicher Bedürf-

Menschliche Bedürfnisse

Primärbedürfnisse	Sekundärbedürfnisse
z. B.: Nahrung, Kleidung	z. B.: Auto, Fernsehen, Segelboot

Materielle Güter		Dienstleistungen
Güter erster Ordnung	Güter zweiter Ordnung	Tätigkeiten
z. B.: Milch, Möhren	z. B.: Getreide, Holz	z. B.: des Handels, der Banken

Bedürfnis nach Selbsterfüllung
Selbstverwirklichung, volle Verwirklichung der eigenen Möglichkeiten

Bedürfnisse nach Wertschätzung
Streben nach Prestige, Macht, Anerkennung, Selbstachtung

Soziale Bedürfnisse
Zusammengehörigkeit, Streben nach Aufnahme in bestimmte Gruppen

Sicherheitsbedürfnisse
Materielle und immaterielle Sicherung des Arbeitsplatzes, der Altersversorgung, Dienstleistungen

Physiologische Bedürfnisse
Hunger, Durst, Schlaf, Bewegung

Hierarchie der Bedürfnisse

nisse von der Befriedigung der existentiellen Bedürfnisse über die zivilisatorischen zu den geistig-kulturellen und sozialen, gemeinschaftsorientierten. Kennzeichen für die moderne Gesellschaft ist, dass immer mehr ursprünglich freie Konsumgüter im Laufe der Entwicklung zu *wirtschaftlichen Gütern,* die man kaufen und verkaufen kann, werden. Wer z. B. sammelt heute in einem Industrieland noch Feuerholz im Wald oder holt sein Trinkwasser aus dem Fluss? Selbst das Atmen der Luft könnte eines Tages zum Wirtschaftsgut werden! Die Ursache für diese Umwandlung liegt nicht nur in der zunehmenden Bequemlichkeit, sondern in erster Linie in der zunehmenden Knappheit. Das gesamte Wirtschaften ist darauf ausgerichtet, diese Güterknappheit zu mindern.

Die Güter finden als **Produktionsgüter** (auch Investitionsgüter genannt) bei der Produktion in Industrie und Handwerk Verwendung oder als **Konsumgüter** im Haushalt. Mit Produktionsgütern werden gewerbsmäßig neue Produkte

Sachgüter
Dienstleistungen z. B. Haareschneiden, Transport
Produktionsgüter/Gebrauchsgüter Maschinen, Gebäude, Nahrungsmittel, Geschäftsausstattung
Produktionsgüter/Verbrauchsgüter Rohstoffe, Schmierstoffe, Energie
Konsumgüter/Gebrauchsgüter Wohnung, Auto, Kleidung
Konsumgüter/Verbrauchsgüter Nahrungsmittel, Energie

**Arten
der Güter** hergestellt, sie dienen der Bedürfnisbefriedigung mittelbar. Stiften die Güter einen mehrmaligen Nutzen, können also mehrfach gebraucht werden, bezeichnet man sie als *Gebrauchsgüter* (z. B. Maschinen). Ist nur ein einmaliger Einsatz möglich, handelt es sich um *Verbrauchsgüter* (z. B. Schmierstoffe). Konsumgüter dienen der unmittelbaren Bedürfnisbefriedigung im Haushalt und sind im Allgemeinen nicht dazu bestimmt, gewerbsmäßig neue Güter zu produzieren. Längerlebige Güter sind Teppiche, Geschirr (Gebrauchsgüter), zum einmaligen Verbrauch sind Putzmittel und Getränke (Verbrauchsgüter) bestimmt.

Bei der Einteilung in Produktions- oder Konsumgüter kommt es allein auf die Verwendung an. So ist eine für den Haushalt angeschaffte Nähmaschine normalerweise Konsum- und Gebrauchsgut. Wird aber in Heimarbeit gegen Bezahlung ein Kleid für eine Nachbarin genäht, so wird die Nähmaschine in diesem Fall zu einem Produktionsgut.

Entsprechend der Einteilung der Bedürfnisse in Individual- und Kollektivbedürfnisse unterscheidet man private und öffentliche Güter. Bei **öffentlichen Gütern** handelt es sich um solche, die vom Staat bereitgestellt werden, weil eine Versorgung der Bevölkerung mit diesen Gütern über den Markt entweder nicht sichergestellt oder nicht erwünscht ist (z. B. Briefbeförderung, Bildungswesen, Verkehrswesen). Bei den **privaten Gütern** hat der Einzelne ein ausschließliches Recht auf Nutzung, z. B. Kuchen, Auto, Staubsauger.

Vom Nutzen der Güter für den Einzelnen

Je weniger Geld oder sonstige Ressourcen ein Mensch zur Verfügung hat, desto einfacher und berechenbarer sind seine Konsumentscheidungen: Zunächst und vordringlich müssen die elementaren Bedürfnisse (Nahrung, Kleidung, Wohnung) befriedigt werden. Mit zunehmendem Wohlstand wird diese Entscheidung individueller und von außen (aus der Sicht von Planungsinstanzen) immer weniger voraussehbar. Dies liegt daran, dass jeder Mensch sehr individuelle und unterschiedliche „Bedürfnishierarchien" hat und der eine seine Ressourcen für Dinge verbraucht (ausgibt), die einem anderen völlig überflüssig erscheinen und die er sich selbst als Multimillionär nicht anschafft.

Um dieses Phänomen überhaupt fassen zu können, hat die Wirtschaftslehre den Begriff des **individuellen Grenznutzens** eingeführt: Jeder Mensch verwendet jede ihm zur Verfügung stehende zusätzliche Einheit an Geld so, dass er daraus den maximalen Nutzen zieht. Dies sei an einem Beispiel skizziert: Man stelle sich eine kleine, unbefestigte Straße in einem Vorort vor, an der mehrere Häuser stehen. Die Gemeinde plant, dieses Straße zu asphaltieren, dafür müssten alle Anwohner eine gewisse Summe aufbringen. In einer Eigentümerversammlung prallen die Meinungen aufeinander, da der Grenznutzen für alle denkbar unterschiedlich ist:

- Anwohner 1 schätzt nichts mehr als seine Ruhe, die er durch die Asphaltierung gefährdet sieht. Er wäre eher bereit, Geld für die Beibehaltung des bisherigen Zustandes aufzuwenden;

- Nr. 2 würde das Geld sofort und mit Freuden aufbringen, um seinen empfindlichen Sportwagen endlich schonend nach Hause fahren zu können;
- Anwohner 3 stört schon lange der Staub in seinem Vorgarten. Auch er wäre daher bereit, sich zu beteiligen, allerdings ist ihm der Preis zu hoch;
- Nr. 4 spart eisern für eine Heimsauna, dem müssen sich alle anderen Ausgaben zur Zeit unterordnen – und so weiter und so weiter.

Auch wenn es uns allen, die wir täglich als Konsumenten am Wirtschaftsprozess teilnehmen, nicht so bewusst ist, verhalten wir uns alle nach genau dieser *Grenznutzentheorie.* Sie macht das Geschäft der Wirtschaftsplanung allerdings nicht gerade leichter, da ökonomische Überlegungen bunt durcheinander mit psychologischen, seelischen und sonstigen Faktoren gehen und zudem die Werbung das ihre dazu beiträgt, die Grenze zwischen „tatsächlich vorhandenen" und „künstlich geweckten" Bedürfnissen zu verwischen.

Die Regel vom abnehmenden Grenznutzen

Diese Regel wurde zunächst schmerzlich in der Landwirtschaft entdeckt: Man stellte nämlich nach der Erfindung des Kunstdünger fest, dass sich der Ernteertrag pro Quadratmeter nicht beliebig steigern ließ – im Gegenteil – von einer gewissen Grenze an brachte zusätzlich eingesetzter Dünger nur noch relativ geringe Ertragssteigerungen. Von einer weiteren Grenze an gingen die Erträge sogar bei weiter steigendem Düngereinsatz zurück („Überdüngung").

Dieses zunächst einmal rein biologisch erklärbare Phänomen wurde von den Ökonomen in die menschlich-psychologische Sphäre übertragen: Wenn wir von einem bestimmten Gut sehr viel konsumieren, nimmt der zusätzliche (Grenz-) Nutzen ab. Unmittelbar einsichtig ist dies bei den Nahrungsmitteln, denn wenn ich schon zwei Brote gegessen habe, kann ich nicht noch ein drittes essen. Der zusätzliche Nutzen wird kleiner (und verkehrt sich vielleicht sogar in sein Gegenteil – Magenschmerzen usw.). Das „Gemeine" aber an

Arbeits-einheiten	Gesamt-produkt	Physisches Grenz-produkt	Gesamtproduktion
(1)	(2)	(3)	
0	0		
1	2000	2000	
2	3000	1000	
3	3500	500	
4	3800	300	
5	3900	100	

der Sache ist, dass wir für dieses dritte Brot ge-

Die Regel vom abnehmenden Nutzenzuwachs

nauso viel bezahlen wie für die ersten zwei, also ein ausgesprochen schlechtes Geschäft machen.

Allgemein auf Konsumgüter übertragen: Der Unterschied zwischen der nullten und der ersten Einheit eines bestimmten Gutes bringt uns im Regelfall einen großen Nutzenzuwachs, und dieser wird immer kleiner, je mehr Einheiten dieses Gutes wir besitzen. Ein Beispiel: Der Unterschied zwischen keinem und einem Auto (oder Fernseher oder Hi-Fi-Anlage) ist sehr groß, bedeutet er doch den Übergang von der Immobilität zur Mobilität (vom Nichtfernsehen bzw. Musikhören zur Teilnahme). Der individuelle *Nutzenzuwachs* zwischen Zweit- und Drittwagen fällt dagegen schon sehr viel geringer aus, darüber (also bei noch mehr Autos) beginnt die Sammelleidenschaft, die aber wieder sehr individuell und statistisch kaum erfassbar ist.

Wahrscheinlich ist dieses Gesetz des abnehmenden Nutzenzuwachses verantwortlich dafür, dass immer wieder Modewellen mit vorher völlig unbekannten oder unwichtigen Konsumgüter über unseren Globus schwappen! So ist zur Zeit halb Deutschland damit beschäftigt, auf kleinen Tretrollern mit Skateboard-Rädern herumzurollern – etwas, das es im letzten Jahr noch nicht gab.

„Was ist notwendig,

damit wir etwas herstellen können?"

Die Produktionsfaktoren und ihre Kombination

Wie schon im Abschnitt über das Schlaraffenland erwähnt, sind nur wenige Güter aus der Natur vorhanden, die meisten müssen wir herstellen – produzieren. In der Volkswirtschaft unterscheidet man die drei Produktionsfaktoren: Boden (Natur), Arbeit und Kapital. Boden und Arbeit sind die *ursprünglichen (originären) Produktionsfaktoren,* da sie immer vorhanden waren, seit es Menschen auf dieser Erde gibt. Kapital dagegen kann erst aus einer Kombination der beiden anderen gebildet werden (derivativer, d.h., abgeleiteter Produktionsfaktor). Unter Kapital im volkswirtschaftlichen Sinne versteht man die produzierten Produktionsmittel wie Maschinen und Fabriken, Geschäftsausstattung, Verkehrsmittel, aber auch Patente und Lizenzen, und den ideellen Gegenwert zu diesem allem, also Geld, das in die Produktion „gesteckt" wird.

Die ursprünglichen und die abgeleiteten Produktionsfaktoren

	ursprüngliche (originäre) Faktoren		abgeleiteter (derivativer) Faktor
Boden	Arbeit		Kapital
landwirtschaftlich genutzter Boden	produktive Tätigkeit in Landwirtschaft, Industrie und Dienstleistungen		Sachkapital (Maschinen, Gebäude)
Rohstoffe, touristisch nutzbare Ressourcen			Geldkapital

Boden (Natur)

Im vor- und frühindustriellen Zeitalter (und heute noch in Teilen der Dritten Welt) ist das Vorhandensein von *natürlichen Ressourcen* die wichtigste Voraussetzung. Dazu gehört der Boden als Anbaufläche für die Land- und Forstwirtschaft, als Rohstofflieferant für die Industrie und Energiewirtschaft und als Standort. Seit der Tourismus als Wirtschaftsfaktor immer wichtiger wird, gehören für viele Länder oder Regionen auch Naturschönheiten und günstiges Klima zu den wichtigen Ressourcen.

Das landwirtschaftliche Ertragsgesetz

Der landwirtschaftliche Ertrag des Bodens ist nicht nur abhängig von der Bodenqualität, seinem Gehalt an Nährstoffen, seiner Beschaffenheit und dem Klima, sondern auch vom Einsatz der Produktionsfaktoren Kapital und Arbeit. So wurde schon im 18. Jh. untersucht, wie sich der Bodenertrag bei ständig zunehmendem Einsatz von Dünger entwickelt und so auf empirisch einwandfreiem Weg das Gesetz vom abnehmenden Ertragszuwachs gefunden. Dieses besagt, dass die Ertragszuwächse mit zunehmendem Faktoreinsatz (Düngemittel) zuerst zunehmen, mit weiterem Einsatz jedoch wieder abnehmen, bis bei weiter steigendem Einsatz sogar der Gesamtertrag abnimmt. Mit Einschränkungen gilt dieses Gesetz auch für die Produktion in der Industrie. Die Erträge wachsen, wenn man einen Produktionsfaktor (hier: Bodenfläche) konstant hält und einen anderen (hier: Düngemittel) in seinen Einsatzmengen vergrößert; aber sie wachsen mit abnehmenden Raten (Ertragszuwächsen). Wäre das nicht so, so müsste es gelingen, die gesamte Weltbevölkerung aus einem Blumentopf zu ernähren.

Die Naturproduktion ist eben an feste zeitliche Rhythmen gebunden, die in der industriellen Welt der letzten 200 Jahre nicht gelten, denn hier besorgt sich der Mensch die Energie selbst und ebenfalls die Stoffe, mit denen er arbeitet. Da er sie nicht dem jährlichen Wachstum, sondern den angesammelten Vorräten dieser Erde entnimmt, ist die Höhe der Entnahme zunächst einmal nicht begrenzt. Vor allem ist die industrielle Welt an keinerlei Zeitrhythmus gebunden. Die vom Menschen gebauten Maschinen können mit vom Menschen hergestellter Energie Sommer und Winter, Sonn- und Feiertag, Tag und Nacht pausenlos produzieren. Das kann die Landwirtschaft grundsätzlich nicht. Erst mit dem Konzept der „Nachhaltigkeit" (vgl. S. 71 f.) beginnt Ende des 20. Jh.s ein Umdenkprozess auch in der industriellen Produktion hin zu einem natürlichen Rhythmus.

Rohstoffe und Energie aus der Erde

Gemessen an der gegenwärtigen Produktion sind neben den USA und Russland noch Kanada, Australien und die Volksrepublik China bedeutende Rohstoffländer. Außerdem gibt es Staaten, die infolge ihrer geringen Industrialisierung und des damit zusammenhängenden niedrigen Eigenbedarfs Rohstoffe exportieren, dies sind vor allem: Brasilien, Peru, Mexiko, Indonesien und Malaysia.

Unter den europäischen Staaten liegt die Bundesrepublik lediglich bei Kohle vorn: Mit einem Anteil von knapp 5 % an der Welt-Förderung von Steinkohle nimmt sie den 5. Platz ein, alle anderen Rohstoffe müssen hauptsächlich importiert werden. Auch auf dem Energiesektor ist die Bundesrepublik von Einfuhren abhängig.

Standortfaktor Boden

Bei der Auswahl des Bodens als Standort der gewerblichen Produktion gelten manchmal Familien- oder traditionelle Gesichtspunkte. Entscheidend sind aber meist wirtschaftliche Überlegungen. Der Standort der Betriebe kann sein:

- rohstofforientiert (Bergbau)
- konsumorientiert (Dienstleistungen)
- arbeitsorientiert (Lohnniveau)
- energieorientiert (Kraftwerke)
- verkehrsorientiert (Industrie, die eine gute Anbindung an die Infrastruktur benötigt)
- abgabenorientiert (nach der Höhe der Gewerbesteuer)

Arbeit

Unter dem Produktionsfaktor Arbeit versteht man jede auf wirtschaftliche Ziele gerichtete planmäßige menschliche Tätigkeit gegen Entgelt. Dazu gehört die Leistung des Berufssportlers ebenso wie die des Künstlers oder Fließbandarbeiters. In den letzten zwei Jahrhunderten führten und führen Erfindungen und der zunehmende Einsatz von Maschinen zu einer ständigen Zunahme der Arbeitsteilung. Spezialisierung und die Notwendigkeit einer immer höheren Qualifikation waren die Folge. Mechanische Tätigkeiten und schwere körperliche Arbeiten konnten weitgehend von Maschinen übernommen werden. Die Beschäftigten mussten sich den veränderten Arbeitsmarktbedingungen durch eine bessere Ausbildung anpassen. Der Einsatz von Maschinen und die Arbeitsteilung erhöhten die *Produktivität der Arbeit* (Arbeitsergebnis pro Arbeitsstunde). Die Folge war ein Ansteigen des Lebensstandards bei einem Rückgang der Arbeitszeit und einer enormen Erhöhung der Arbeitsproduktivität. Alle modernen, entwickelten Volkswirtschaften sind auf dem Wege zur *Dienstleistungs-* und darüber hinaus zur *Informationsgesellschaft.* Diese auch als *Tertiarisierung* bzw. *Quartarisierung* der Wirtschaft bezeichnete Entwick-

Produktivität, Arbeitszeit und gesamtwirtschaftliche Wertschöpfung

	1960	1995	Veränderung insgesamt	Veränderung pro Jahr
Produktivität (Index: 1960 = 100)	100	301	201 %	3,20 %
Arbeitstage/Jahr	260	220	− 16 %	− 0,48 %
Wochenstunden	46	37	− 20 %	− 0,62 %
Arbeitsvolumen (Mrd. Stunden p. a.)	41,8	38,1	− 9 %	− 0,26 %
Wertschöpfung (in Mrd. €; real)	511,29	1405	175 %	2,93 %

lung bedeutet, dass der Beitrag der Dienstleistungsbetriebe bzw. der Informationswirtschaft zum Sozialprodukt und zur gesamtwirtschaftlichen Beschäftigung steigende Tendenz aufweist, und zwar zu Lasten der Landwirtschaft (primärer Sektor) und der Industrieproduktion (sekundärer Sektor).

- **Primärer Sektor:** Alle landwirtschaftlichen Erzeugnisse von Ackerbau und Viehzucht bis zur Kokosnussernte
- **Sekundärer Sektor:** Alle industriell hergestellten Produkte von den ersten Manufakturwaren bis zum völlig per Roboter hergestellten High-End-Produkt.
- **Tertiärer Sektor:** Alle Arten von Dienstleistungen, an deren Ende kein greifbares Produkt steht, sondern eine immaterielle Leistung. Zu den Dienstleistungsbetrieben zählen u. a. Handelsbetriebe, Verkehrsbetriebe, Geld- und Kreditinstitute, Versicherungen, Steuerberater und Rechtsanwälte und der öffentliche Dienst.
- **Quartiärer Sektor** (relativ neuer Begriff, der sich noch nicht überall durchgesetzt hat – häufig als Teil des tertiären gesehen): Informationswirtschaft. Verbreitung, aber auch Beschaffung, Verarbeitung und vor allem Aufbereitung von Informationen zu gezielten Zwecken. Zur Informationswirtschaft werden u. a. Informationstechnik, Telekommunikation, Unterhaltungselektronik und Medienberufe gerechnet.

Im Jahre 1998 verrichteten in der Bundesrepublik Deutschland etwa 23 Mio. der insgesamt 36 Mio. registrierten Erwerbstätigen private oder staatliche Dienstleistungen. Das sind 63 % im Vergleich zu 34 % im Jahre 1950. Damit ist im sekundären Sektor erstmals seit Beginn der Industrialisierung nicht die Mehrheit der Arbeitnehmer beschäftigt.

Die künftige beschäftigungspolitische Bedeutung des Dienstleistungs- und Informationssektors für die Volkswirtschaften wird unterschiedlich beurteilt. Einerseits besteht die Hoffnung, dass zusätzliche Arbeitsplätze entstehen, weil sich im Zuge einer weltweiten organisatorischen Umstrukturierung die Industrieunternehmen immer mehr auf den

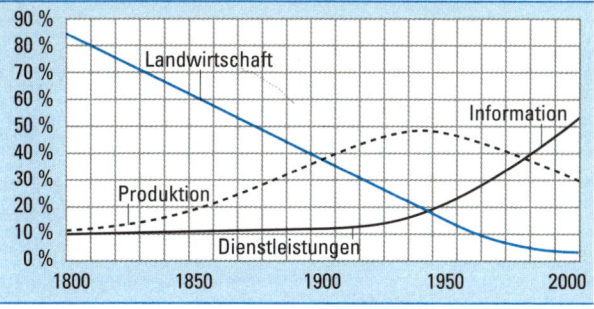

Graph mit y-Achse von 0 % bis 90 % und x-Achse von 1800 bis 2000, mit den Kurven: Landwirtschaft, Information, Produktion, Dienstleistungen.

Kernbereich der Produktion konzentrieren. Andere Funktionen wie Werbung, Logistik, Informationsbeschaffung und Kommunikation werden auf einschlägige Dienstleister ausgelagert („outsourcing"). Andererseits wird als Folge der vergleichsweise hohen Kosten des Dienstleistungs- und Informationssektors sowie der Einsparungen im öffentlichen Dienst die Entstehung eines „Dienstleistungsproletariats" vorhergesagt, d. h., abhängig Beschäftigte oder auch (Schein-) Selbstständige, die für eine sehr geringe Entlohnung einfache Dienstleistungen übernehmen (müssen).

Beschäftigung nach Sektoren in Industrieländern

Kapital

Nicht jedes Vermögen (oder jede Fähigkeit) ist automatisch auch Kapital im volkswirtschaftlichen Sinne, auch wenn man ganz sicher z. B. Michael Schumachers Fähigkeit zum schnellen Autofahren als „sein Kapital" bezeichnen kann und muss. Dies Talent wird aber – in volkswirtschaftlichen Gleisen gedacht – erst dann zu Kapital, wenn er sein mit Hilfe dieser Fähigkeit erworbenes Geld in den Produktionsprozess „steckt", sei es in Form von Aktien, sei es durch Herstellung eigener Produkte. Mit anderen Worten: Das Kapital gibt es in der Form von Sach- oder Realkapital einerseits und als Geldkapital andererseits. Das Sachkapital besteht aus ▶ S. 20

Warum hat es eigentlich nicht funktioniert?

Kurze Geschichte der sozialistischen Planwirtschaft

Auch wenn dieses Wirtschaftssystem sich mittlerweile selbst ad absurdum geführt hat, lohnt sich ein kurzer Blick darauf. Immerhin erlebte fast während des gesamten 20.Jh.s mehr als ein Drittel der Weltbevölkerung die Planwirtschaft „live". Auch in den marktwirtschaftlichen Zentren galt sie für viele (nicht nur) Linke als die bessere Alternative.

Grundlegend für das Konzept war: Der Markt ist unsozial, die Schwachen werden benachteiligt und die Starken bevorzugt (was ja so aus der Luft gegriffen auch nicht ist). Jedem Marktmechanismus wurde eine scharfe Absage erteilt, Angebot und Nachfrage sollten nicht darüber entscheiden

- was produziert wird
- und zu welchem Preis es verkauft wird.

Landwirtschaft, Industrie und Dienstleistungen wurden in „Volkseigentum" überführt und unterstanden damit faktisch der Staatsmacht.

„Fünfjahrespläne" gaben exakt vor, was und wie viel die einzelnen Zweige der Wirtschaft herzustellen hatten. Diese Pläne wurden dann heruntergerechnet in Jahres-, Monats- und sogar Tagespläne für Industriezweige, einzelne Betriebe, Produktionszweige und „Brigaden", die kleinsten Einheiten. Dies alles geschah auf Grund von Prognosen der zentralen staatlichen Stellen und wurde ohne Rücksicht auf die Bedürfnisse des (verteufelten) Marktes durchgedrückt. Da zudem jegliche Nachfragesteuerung über den Preis fehlte, gab es gigantische Fehlplanungen und absurde Resultate.

Hinzu kamen „politische" Preise: Die sozialistischen Machthaber trennten recht willkürlich in Luxusgüter, die künstlich verteuert wurden. Für diese Güter gab es bestimmte Geschäfte: z. B. in der ehemaligen DDR *delikat* für Lebensmittel, *exquisit* für Bekleidung. Güter für Grundbedürfnisse waren durch entsprechende Subventionen extrem verbilligt.

	Planwirtschaft	Marktwirtschaft
Grundprinzip	Kollektivprinzip	Individualprinzip
Träger der Planung	staatliche Zentrale	die einzelnen Wirtschaftssubjekte
Koordinationsprinzip	staatliche Befehle (Kommandowirtschaft)	Preisbildung auf den Märkten
Eigentum an den Produktionsmitteln	Staatseigentum „Volkseigentum"	Privateigentum
Zielsetzung der Betriebe	Planerfüllung	Rentabilität oder Gewinnmaximierung
Entscheidungen über Investitionen	durch Plan vorgegeben	Entscheidung durch Betriebe
Steuerung der Produktion	Sollziffern der Pläne	Marktgegebenheiten
Bestimmung des Verbrauchs	Gesamtumfang durch Planung, vorgegebenes Angebot	freie Konsumwahl
Einkommensverteilung	durch Zentrale reguliert	durch Beteiligung an der Produktion, Preisbildung auf den Märkten für Produktionsmittel
Außenwirtschaft	Außenhandelsmonopol	Freie Entscheidungen der Wirtschaftssubjekte

Die Grundannahmen der Planwirtschaft mögen nach wie vor einleuchtend klingen. Die Realität hat aber gezeigt, dass alle marktwirtschaftlichen Prinzipien auch dann, wenn sie zunächst unsozial scheinen mögen, allein durch ihre schiere Leistungsfähigkeit der Planwirtschaft überlegen sind.

produzierten Produktionsmitteln, die der Gütererzeugung und -verteilung dienen wie Maschinen, Gebäude, Werkzeuge, Transportmittel, Straßen. Zum Geldkapital gehören neben der Geldanlage in Wertpapieren auch andere *finanznahe Geldaktiva,* alles das, was Verfügungsmöglichkeiten über Produktionsmittel in Form von Geld ermöglicht.

Kapital ist nicht ursprünglich vorhanden wie Arbeit und Natur, sondern wird durch die Kombination dieser beiden gebildet. Bis heute ist der Streit, welcher dieser drei Produktionsfaktoren bei der Bildung von gesellschaftlichem Reichtum der wichtigste ist, nicht beigelegt.

Dies Problem wurde zuerst von den *Physiokraten* (vor gut 200 Jahren) diskutiert. Sie waren der Auffassung, dass allein die landwirtschaftliche Nutzung des Bodens zusätzlichen Reichtum schaffen könne, denn nur die Natur könne etwas (fast) „aus dem Nichts" heraus schaffen. Der Mensch könne der Natur nichts hinzufügen, sondern nur den in dem primären Sektor geschaffenen Reichtum in den anderen Produktionsbereichen verteilen.

Im 19. Jh. begann die Kontroverse, ob Kapital oder Arbeit wichtiger seien. Insbesondere Karl Marx und Ferdinand Lassalle, einer der Gründer der SPD, waren der Auffassung, dass nur die menschliche Arbeit in der Lage sei, neue Werte (*Mehrwert* bei Marx genannt) zu schaffen. Die Kapitaleigner würden sich einen guten Teil dieses geschaffenen Wertes widerrechtlich aneignen – daher war die zentrale Forderung aller sozialistischen und kommunistischen Strömungen bis in die Mitte des 20. Jh.s die Enteignung der Kapitalbesitzer und Überführung der Produktionsmittel in Gemeineigentum.

Die Ausstattung einer Volkswirtschaft mit Kapital kann jedoch nicht vernachlässigt werden. So ist der Lebensstandard der rohstoffreichen Entwicklungsländer meist weit niedriger als der der rohstoffarmen Industrieländer. Ursache dafür ist neben der fehlenden Ausbildung des Produktionsfaktors Arbeit im Wesentlichen eine unzureichende Kapitalbildung, die zum Fehlen einer leistungsfähigen Industrie führt.

Kapital kann in einer Volkswirtschaft nur durch Sparen (= Konsumverzicht) gebildet werden. Ein Teil des verdienten Geldes wird nicht sofort ausgegeben, sondern zurückgelegt und zu einem späteren Zeitpunkt in Produktionsmittel „umgewandelt". Die Überführung von Geld- in Sachkapital nennt man investieren. **Investitionen** sind die wichtigste Voraussetzung für eine wachsende Wirtschaft.

Die Kombination der Produktionsfaktoren und das ökonomische Prinzip

Damit überhaupt etwas produziert werden kann, müssen die drei Produktionsfaktoren in irgendeiner Weise miteinander kombiniert werden: Der Arbeiter braucht Werkzeuge oder Maschinen zum Arbeiten, das Werkzeug oder die Maschine ist zumindest dann, wenn sie noch nicht vollautomatisch funktioniert, auf das Geschick (oder zumindest die Handgriffe) des Arbeiters angewiesen. Schließlich muss die Produktion mit irgendwelchen Rohstoffen und – banal, aber nicht unwichtig – auf einem Grundstück stattfinden.

Die Produktionsfaktoren lassen sich in gewissen Grenzen gegeneinander austauschen. So kann man seine Wohnung auf sehr unterschiedliche Weise säubern: Indem man mühsam mit der Hand den Schmutz aufsammelt bzw. von einem Angestellten aufsammeln lässt (nur Produktionsfaktor Arbeit), einen Staubsauger einsetzt (Arbeit und Kapital) oder eine ferngesteuerte, automatische Maschine verwendet (völlige Ersetzung von Arbeit durch Kapital). Das nationalsozialistische Deutschland der 30er-Jahre bietet übrigens ebenso wie die Volksrepublik China der 50/60er-Jahre ein Beispiel, dass man selbst technische Großprojekte wie den Bau von Autobahnen oder Staudämmen weitgehend allein mit dem Produktionsfaktor Arbeit realisieren kann.

Die Entscheidung für eine der drei skizzierten Alternativen erfolgt ausschließlich unter dem Gesichtspunkt des **ökonomischen Prinzips**. In Wirklichkeit wird das Verhalten der Menschen natürlich auch durch andere Gesichtspunkte beeinflusst wie Machtstreben, Tradition, Gewohnheiten, Gefühle. Bei der Betrachtung ökonomischer Tatbestände geht man jedoch immer von der Annahme des vernunftbestimmten Menschen aus, weil nur so nachprüfbare Aussagen möglich sind.

Die Anwendung des ökonomischen Prinzips im Privatbereich kann zu verschiedenen Ergebnissen führen, da Ausgangslagen und Interessen sehr unterschiedlich sein können. So wird die Entscheidung aus dem gerade angeführten Beispiel, welche der möglichen Reinigungsvarianten man wählt, größtenteils von der eigenen Situation abhängen, so dass ein gut bezahlter Angestellter mit wenig Zeit sicherlich kaum selber putzen wird, und jemand, der gering verdienender Teilzeitbeschäftigter ist, kaum einen teuren Automaten kauft. Im Bereich der industriellen Produktion und der Dienstleistungen dagegen basiert das ökonomische Prinzip auf einer einfachen Voraussetzung aus Unternehmersicht: anzustreben ist die Variante, die eine möglichst hohe *Kapitalrentabilität* erbringt. Kapitalrentabilität ist der Quotient, der sich ergibt, wenn man den erwirtschafteten Überschuss oder Gewinn ins Verhältnis setzt zu dem insgesamt eingesetzten Kapital.

Investitionen sind die Voraussetzung dafür, unsere Wirtschaft ständig auf dem neuesten technischen Stand zu halten. Heutzutage geht es dabei meist um den Ersatz des Produktionsfaktors Arbeit durch Kapital, was besonders in Zeiten hoher Arbeitslosigkeit zu Problemen führt.

„Etwas Hergestelltes muss auch verbraucht werden,

sonst ist es überflüssig."

Der Zusammenhang von Produktion und Konsumtion

Der Unterschied dieser beiden völlig gegensätzlichen Tätigkeiten liegt auf den ersten Blick auf der Hand: Während der Produktion stelle ich etwas her, bei der Konsumtion verbrauche ich ein Produkt. Produktion findet fast ausschließlich im primären (landwirtschaftlichen) und sekundären (industriellen) Sektor statt, Konsumtion im Regelfall privat. Dementsprechend ist die technisch-wirtschaftliche Einheit der Produktion der Betrieb oder das Unternehmen, die zentrale Einheit des Konsums dagegen der Haushalt.

Kennzeichnend für die entwickelte Industriegesellschaft ist die beinahe völlige Trennung von Produktion und Konsumtion. Während z. B. im vorwiegend agrarstrukturierten Deutschland des Mittelalters im Regelfall für den *Eigenbedarf* produziert wurde, Produktion und Konsumtion also allenfalls zeitlich auseinander lagen, werden in unserer heutigen Gesellschaft nur noch äußerst geringe Mengen für den Eigenbedarf produziert.

Diese klare Trennung von Herstellung und Verbrauch der Güter verwischt sich aber sehr schnell, wenn man anfängt, das volkswirtschaftliche Geschehen als Kreislauf zu begreifen, in dem Waren-, Geld- und Leistungsströme zwischen den verschiedenen Einheiten hin- und herfließen. Ein Beispiel: Bei der Produktion eines industriellen Gutes werden Energie, Rohstoffe, Halbfertigprodukte und Arbeitskraft verbraucht, also konsumiert. Das heißt also: Die Produktion ist gleichzeitig auch Konsumtion, die Konsumtion Produktion – je nach Standpunkt und Blickwinkel. Aus diesem Grundgedanken entwickelten sich – teilweise schon im 19. Jh. – die folgenden Kreislaufmodelle.

Kreislaufmodelle

Nach welchen Kriterien soll ein Wirtschaftskreislauf konstruiert werden? Von der Aufgabenstellung der *Volkswirtschaftlichen Gesamtrechnung* (VGR) her sollte er die wichtigsten wirtschaftlichen Aktivitäten, die zwischen den zentralen ökonomischen Akteuren stattfinden, erfassen.
Grundsätzlich lassen sich vier Arten dieser ökonomischen Aktivitäten unterscheiden:

- Einkommensschaffung durch Produktion von Gütern
- Einkommensverwendung durch Konsum von Gütern
- Einkommensverwendung durch Sparen
- Einkommensübertragung durch Kreditgewährung bzw. Kreditaufnahme

Diese grundlegenden wirtschaftlichen Aktivitäten werden nun auf vom Entwicklungsstand der jeweiligen Volkswirtschaft abhängige, unterschiedliche Weise von den ökonomischen Akteuren ausgeführt. Welche *ökonomischen Akteure* prägen den Wirtschaftsprozess in einem entwickelten Industrieland wie der Bundesrepublik? Es sind:

- Die Unternehmen, in denen Güter (Produkte und Dienstleistungen) für den Markt produziert werden,
- die privaten Haushalte, die den Unternehmen Produktivleistungen (Arbeit) zur Verfügung stellen und das dafür erhaltene Einkommen für Konsumgüterkäufe und Ersparnisbildung verwenden,
- und der Staat, der in der VGR vor allem als Produzent unentgeltlicher öffentlicher Güter, als Steuereinnehmer und als Umverteiler von Einkommen hervortritt.

Der einfachste Kreislauf kann für eine geschlossene Volkswirtschaft (d.h. ohne Außenhandel) ohne staatliche Aktivität konstruiert werden. Er erfasst die Beziehungen zwischen einem (oder allen) Unternehmen und einem (oder allen) Haus-

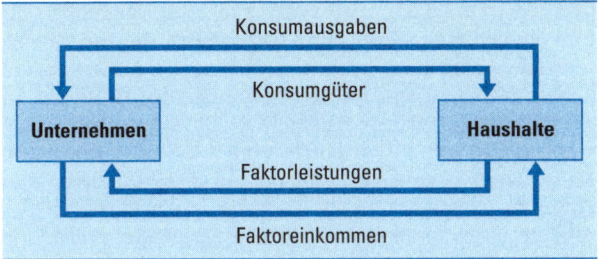

halt(en). Die Sektoren werden in den Kreislaufdar-
stellungen als Pole, die zwischen ihnen ablaufen-
den Transaktionen als Ströme bezeichnet. Die Haushalte
stellen den Unternehmen produktive Leistungen (Arbeit)
zur Verfügung und erhalten dafür Faktoreinkommen (sie
überlassen den ihnen gehörenden Produktionsfaktor Arbeit
auf Zeit dem Kapitaleigner). Die Unternehmen produzieren
a. a. mit den erworbenen Produktivleistungen Güter, die sie
auf den Gütermärkten den Haushalten anbieten. Die Haushalte treten als Nachfrager auf den Märkten auf und erwerben so durch Einsatz ihres Einkommens Konsumgüter.

**Einfaches Kreis-
laufmodell**

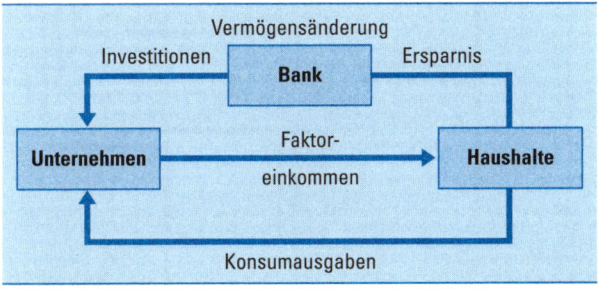

**Erweitertes
Kreislaufmodell**

In dieser Grafik müssen die *Geldströme* jeweils
die gleiche Größe wie die ihnen genau entgegen-
gesetzt laufenden realen *Güter-* und *Faktorleistungsströme*
haben. Dieses erste Modell aber ist zu einfach, um die Rea-

lität wiederzugeben, denn Haushalte etwa verwenden ihr Einkommen nicht völlig für Konsumgüter, die zudem eine sehr unterschiedliche lange „Lebensdauer" haben, sondern bilden auch Ersparnisse. Unternehmen produzieren nicht nur Konsumgüter sondern auch Investitionsgüter, mit denen sie ihre Produktionskapazitäten erneuern oder erweitern. Mit anderen Worten: Die Banken, die ja sowohl Spareinlagen entgegennehmen als auch Kredite geben, müssen in das Modell aufgenommen werden. Dies zeigt die Grafik, die sich nur auf die Geldströme konzentriert.

Aber auch der Staat ist ökonomisch tätig (und muss

Komplettes Kreislaufmodell

das seit dem „Stabilitäts- und Wachstumsgesetz"

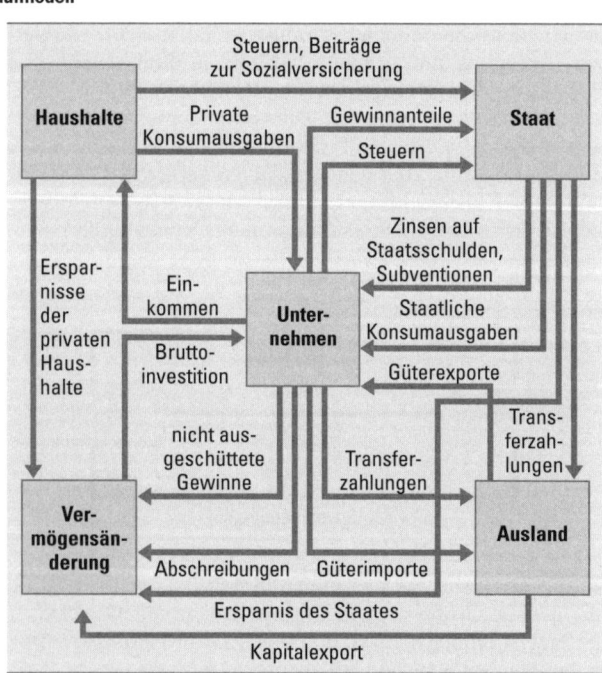

von 1967 auch). Es müssen also weitere Ströme berücksichtigt werden. Zu den wichtigsten gehören Steuerzahlungen der Unternehmen und der Haushalte an den Staat, *Einkommens*- und *Transferzahlungen* (z. B. Kindergeld) des Staates an die Haushalte und **Subventionszahlungen** des Staates an die Unternehmen. Das Modell wird komplizierter, daher berücksichtigt auch die Grafik nur die Geldströme.

Eine weitere Annäherung an die Realität ergibt sich, wenn man die Annahme einer geschlossenen Wirtschaft aufgibt. Berücksichtigt man das Ausland als neuen Sektor, so müssen die Ströme der Waren und Dienstleistungen zwischen den inländischen Sektoren und dem Ausland erfasst werden. Ein Teil der inländischen Produktion wird im Ausland nachgefragt und dorthin geliefert (Exporte) oder ein Teil der Produktion des Auslandes im Inland von inländischen Unternehmen oder Haushalten nachgefragt (Importe).

Die „Volkswirtschaftliche Gesamtrechnung" – das Kassenbuch unseres Staates

Die Volkswirtschaftliche Gesamtrechnung (VGR) ist das umfassende Rechenwerk über das wirtschaftliche Geschehen in einem Lande während eines bestimmten Zeitraumes, im Allgemeinen innerhalb eines Jahres. Sie hat die Aufgabe, ein möglichst vollständiges, übersichtliches, hinreichend gegliedertes, quantitatives Gesamtbild des wirtschaftlichen Geschehens zu geben. In dieses Bild sind alle Wirtschaftseinheiten (Personen, Institutionen) mit ihren für die Beschreibung des Wirtschaftsablaufes wichtigen wirtschaftlichen Tätigkeiten und damit verbundenen Vorgängen einbezogen. Um das System übersichtlich zu gestalten, wird die Vielzahl der Wirtschaftseinheiten und ihrer Tätigkeiten zu Gruppen zusammengefasst. Diese „Buchhaltung" der Volkswirtschaft gibt Antwort auf folgende Hauptfragen:

1. Wie groß war die *Wirtschaftsleistung* eines Landes in einem bestimmten Jahr insgesamt? (Produktion von Waren und Erbringung von Dienstleistungen)

2. Was haben die großen wirtschaftlichen Bereiche zu dieser Gesamtleistung beigetragen?
3. Wie ist diese Gesamtleistung verteilt worden? (Erwerbs- und Vermögenseinkommen sowie deren Umverteilung)
4. Wie ist die Gesamtleistung verwendet worden? (Verbrauch und Vermögensbildung/Investitionen)
5. Wie haben sich die verschiedenen Größen im Verlauf der Zeit entwickelt? (Wirtschaftswachstum, Umstrukturierung, Verschiebung der Proportionen)

Zu den zwei ersten Fragen: Wachstumsrechnung

Das Bruttosozialprodukt (BSP) und das Bruttoinlandsprodukt (BIP): Basis für die Berechnung des BSP sind die Produktionsmeldungen der Unternehmen (Umsätze). Um Doppelzählungen zu vermeiden, zieht man vom Brutto-Produktionswert die darin enthaltenen **Vorleistungen** (z. B. von Zulieferfirmen eingekaufte Waren und Dienstleistungen) ab. Man erhält die **Bruttowertschöpfung** und fasst sie nach Branchen zusammen.

Der Beitrag des Staates zum Sozialprodukt wird im Gegensatz zu privater Tätigkeit auf Basis der Kosten ermittelt. Nach Abzug der Vorleistungen handelt es sich im Wesentlichen um die Bezüge der öffentlich Bediensteten. (Jede zusätzliche besetzte Planstelle lässt rein statistisch das BSP ansteigen.)

Zahlreiche wirtschaftliche Leistungen werden statistisch nicht erfasst. Hierzu gehört

- die legale **Selbstversorgungswirtschaft** der privaten Haushalte (Haus- und Gartenarbeit, Kindererziehung, Hobby-Arbeiten usw.),
- die ehrenamtlich unentgeltliche Tätigkeit in Vereinen und Verbänden (vgl. S. 112)
- und nicht zuletzt die Schwarzarbeit, in der nach Schätzungen jährlich gut 50 Mrd. € erwirtschaftet werden.

Addiert man die Bruttowertschöpfungen der Wirtschaftsbereiche und rechnet die Mehrwertsteuer hinzu, so erhält man das **Bruttoinlandsprodukt** (Güterproduktion im Inland).

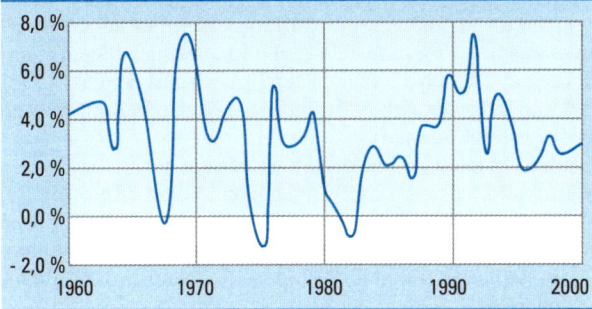

Konjunktur in Deutschland im Auf und Ab
Wirtschaftswachstum in % (Bruttoinlandsprodukt)

Das Wachstum des Bruttoinlandprodukts

Dies erfasst auch die Produktionsfaktoren im Besitz von Ausländern in der Bundesrepublik.

Wichtig ist die Unterscheidung zwischen nominalem und realem Wachstum: In das *nominale Wachstum* gehen sowohl Mengen- als auch Preis-Änderungen ein, denn die produzierten Güter werden grundsätzlich zum tatsächlich erzielten („jeweiligen") Verkaufspreis bewertet. Ein Teil des nominalen Wachstums ist somit lediglich Ausdruck der Inflationsrate.

Bei allen „realen" Zahlen im Bereich der Volkswirtschaftlehre ist diese Inflationstendenz herausgerechnet, indem man den realen Geldwert (in diesem Fall das BIP) auf konstante Preise eines „Basisjahres" zurückrechnet (in der Bundesrepublik derzeit 1991). Die dann verbleibende Änderungsrate gegenüber dem Vorjahr gibt das *reale* (oder: preisbereinigte) *Wachstum* an.

Zur dritten Frage: Verteilungsrechnung

Das Volkseinkommen ist die Summe aller in einem bestimmten Zeitraum (Kalenderjahr) in einer Volkswirtschaft erzielten Erwerbs- und Vermögenseinkommen. Das Volkseinkommen wird primär aus der Einkommensstatistik errechnet. Man erhält dadurch vor allem einen Einblick in die Verteilung der Einkommen auf die verschiedenen Produktionsfaktoren. Die neu geschaffenen Werte bestehen einerseits aus den Produkten (Waren und Dienstleistungen), andererseits aus den dafür erzielten Erlösen, aus denen die Produktionsfaktoren Arbeit, Kapital und Boden bezahlt werden (= Faktoreinkommen).

Grundsätzlich wird hierbei unterschieden nach:

- Einkommen aus unselbstständiger Arbeit *(Lohnquote)*. Dieser größte Einzelposten im Volkseinkommen umfasst Bruttolöhne und -gehälter von Arbeitern, Angestellten, Vorstandsmitgliedern, Beamten, Soldaten, Auszubildenden usw.
- Einkommen aus Unternehmertätigkeit und Vermögen *(Gewinnquote)*. Hierzu gehören im Wesentlichen die Bruttoeinkommen der selbstständigen Unternehmer, Landwirte und Freiberufler. Hinzu kommen die Einkommen aus Vermögen.

Zur vierten Frage: Verwendungsrechnung

Nach dem Muster eines „Haushaltsbuchs" gibt diese Rechnung darüber Aufschluss, welche Teile des Sozialprodukts verbraucht, investiert und exportiert werden, unterschieden nach privatem und öffentlichem (staatlichem) Verbrauch. Die Ergebnisse sind wichtige Indikatoren für Struktur und Entwicklung der Güternachfrage in einer Volkswirtschaft; sie dienen deshalb als Orientierungspunkte für Wirtschaftspolitik und unternehmerische Entscheidungen.

- Der private Verbrauch umfasst alle Waren und Dienstleistungen, die inländische Privatpersonen (Haushalte) für Konsumzwecke kaufen. Gleichgültig ist dabei, ob die Waren in der betreffenden Periode tatsächlich verbraucht werden oder ob es sich um Vorratskäufe bzw. langlebige Gebrauchsgüter handelt. Auch die Frage, ob es sich um im Inland produzierte oder importierte Güter handelt, spielt keine Rolle.

- Der Staatsverbrauch ist definiert als Summe aller Sach- und Dienstleistungen, die öffentliche Einrichtungen unentgeltlich zur Verfügung stellen. Dazu gehören die Leistungen der Sicherheitskräfte, der Erziehungs- und Gesundheitsbehörden sowie des gesamten Verwaltungsapparates einschließlich Gesetzgebung und Rechtsprechung. Da es für diese Leistungen keinen Verkaufswert gibt, wird der Staatsverbrauch anhand der laufenden Personal- und Sachaufwendungen der öffentlichen Haushalte errechnet.

Anlageinvestitionen sind der Sammelbegriff für alle diejenigen Güter, die Unternehmen oder Staaten im In- und Ausland kaufen, um sie im Produktionsprozess einzusetzen *(Bruttoinvestitionen)*. Gerade diese Größe ist jedoch sehr wichtig für die zukünftige wirtschaftliche Entwicklung. Der „reale" Zuwachs an Produktionsanlagen und öffentlichen Einrichtungen für die Volkswirtschaft ergibt sich freilich erst durch die Gegenrechnung mit den jährlichen Abschreibungen (also dem, was an Produktionsanlagen usw. verbraucht, abgenutzt ist). Dieser letztlich entscheidende Wert heißt *Nettoinvestitionen.*

Entwicklung der Import- und Exportquote

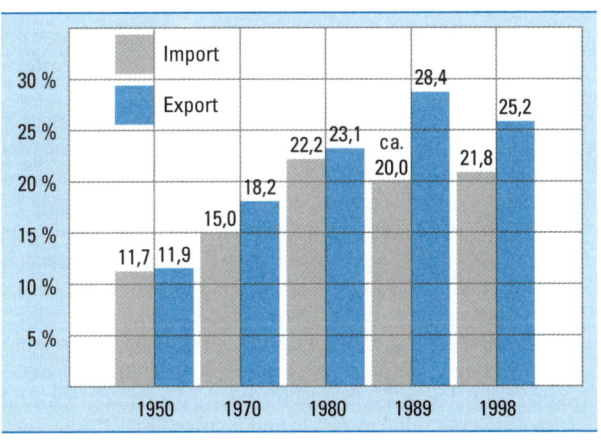

Der **Außenbeitrag** ergibt sich aus dem Vergleich von Ausfuhr und Einfuhr von Waren und Dienstleistungen. Da Deutschland immer ein Exportland gewesen ist und diese Tendenz gegenwärtig noch stärker wird, war dieser „Saldo" (Vergleich) mit sehr wenigen Ausnahmen in den letzten Jahrzehnten immer positiv.

Die Zahlungsbilanz der Bundesrepublik

Die außenwirtschaftlichen Beziehungen eines Landes werden statistisch in der Zahlungsbilanz erfasst. In ihr schlagen sich alle wirtschaftlichen Transaktionen zwischen In- und Ausländern für die Bundesrepublik in einer Periode nieder, wobei man üblicherweise von Monaten, Quartalen und Jahren ausgeht. Als Inländer gilt, wer seinen festen Wohnsitz im Inland hat, also auch ausländische Einwohner. Der Begriff „Bilanz" ist insofern missverständlich, als keine Bestände, sondern Ströme erfasst werden. Die **Zahlungsbilanz** setzt sich aus fünf **Teilbilanzen** zusammen:

- Handelsbilanz: In der Handelsbilanz, auch Waren- oder Warenhandelsbilanz genannt, werden Importe und Exporte von Sachgütern erfasst. Positiv zu Buche schlagen alle Waren von der Nähnadel bis zum Kreuzfahrtluxusliner, die ins Ausland exportiert werden, negativ alle importierten Waren.
- Dienstleistungsbilanz: In sie gehen Exporte und Importe von Dienstleistungen ein. Nun kann man immaterielle Güter nicht transportieren. Daher bedeutet Import, dass Inländer Güter in Anspruch nehmen, die Teil eines ausländischen Sozialprodukts sind. Wenn also ein Deutscher Dienstleistungen ausländischer Anbieter in Anspruch nimmt (z. B. sich auf Ibiza die Haare schneiden lässt), dann importiert er diese Dienstleistungen. Daher zählen Urlaubsreisen ins Ausland aus deutscher Sicht zum Dienstleistungsimport und wirken sich negativ auf diese Bilanz aus. Diese Teilbilanz ist daher (die Deutschen sind „Weltmeister" im Reisen) beinahe „traditionell" negativ.

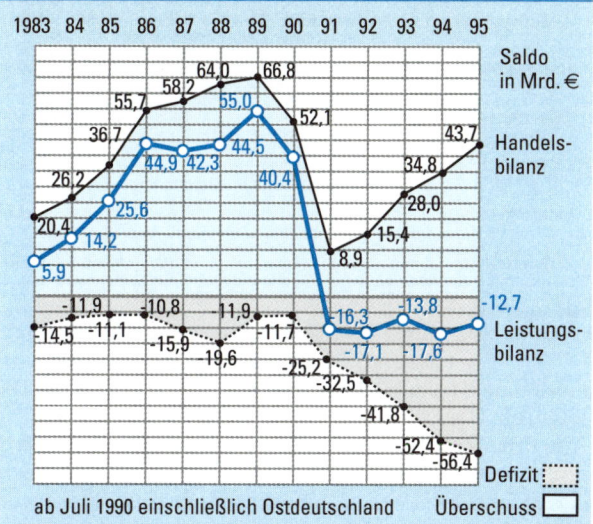

1983 84 85 86 87 88 89 90 91 92 93 94 95

Saldo in Mrd. €

Handelsbilanz

Leistungsbilanz

Defizit ⬚

Überschuss ☐

ab Juli 1990 einschließlich Ostdeutschland

Handelsbilanz-Werte: 20,4 26,2 36,7 55,7 58,2 64,0 66,8 52,1 8,9 15,4 28,0 34,8 43,7

Leistungsbilanz-Werte (blau): 5,9 14,2 25,6 44,9 42,3 44,5 55,0 40,4 -16,3 -13,8 -12,7

Leistungsbilanz-Werte (schwarz gepunktet): -14,5 -11,9 -11,1 -10,8 -15,9 -19,6 -11,9 -11,7 -25,2 -32,5 -41,8 -52,4 -56,4 -17,1 -17,6

Die Leistungsbilanz der Bundesrepublik

- Übertragungsbilanz (auch Schenkungs- oder Transferbilanz genannt): In ihr werden alle Leistungen ohne direkt zurechenbare Gegenleistungen erfasst, z. B. Entwicklungshilfe (sofern nicht als Kredit gewährt), Beiträge zu internationalen Organisationen und Institutionen, Abführungen an die EU, Überweisungen ausländischer Arbeitnehmer in ihre Heimat usw.

Diese drei Bilanzen werden auch zusammengefasst als *Leistungsbilanz*. Die Leistungsbilanz war z. B. 1998 trotz deutlicher Handelsüberschüsse wegen der negativen Dienstleistungsbilanz mit 6,32 Mrd. € im Minus.

- Kapitalbilanz: Sie erfasst alle Forderungen und Verbindlichkeiten der privaten Wirtschaft und des Staates (außer der Notenbank) gegenüber dem Ausland.

- Devisenbilanz: Devisen sind Ansprüche auf Teile ausländischer Sozialprodukte. Wenn Importen keine Exporte in gleicher Höhe gegenüberstehen, müssen die Differenzen

Zahlungsbilanz d. Bundesrepublik (Mrd. €)	1985	1990	1998
Handelsbilanz	+ 37,53	+ 53,89	+ 65,75
Dienstleistungsbilanz	− 1,02	− 9,00	− 31,60
Laufende Übertragungen	− 16,21	− 19,53	− 27,25
Leistungsbilanz	+ 26,43	+ 40,24	− 3,17
Kapitalbilanz	− 27,30	− 45,76	+ 12,02

Die Zahlungsbilanz der Bundesrepublik

durch Devisenzahlungen an den Importeur ausgeglichen werden. Ein Defizit in der Leistungs- und Kapitalbilanz führt also zu einem Abfluss an Devisen, ein Überschuss zu einem Zufluss.

Alle Bilanzen zusammen ergeben die Zahlungsbilanz. Da in ihr Ströme und keine Bestandsgrößen festgehalten werden, darf sie nicht mit einer Vermögensbilanz verwechselt werden.

Unter internationalem Aspekt bedeuten ein Güter-, Dienstleistungs- oder Kapitelexport einen Zahlungseingang. Gleichermaßen verhält es sich mit den Devisenströmen, die als jederzeit fällige Forderungen gegen ausländische Volkswirtschaften aufzufassen sind. Eine Erhöhung der Devisenbestände entspricht also einem Kapitelexport. Analog ist die Abnahme der Devisenbestände ebenso wie ein Import von Gütern, Dienstleistungen oder Kapitel unter Bilanzgesichtspunkten ein Zahlungsausgang.

„Was? GmbH und Co. KG? Ich versteh nur Bahnhof!

Warum gründen die nicht einfach eine Firma?"

Unternehmensformen in der Bundesrepublik

In Deutschland besteht *Gewerbefreiheit*. Das bedeutet, dass jeder, der die Voraussetzungen (z. B. eine entsprechende Ausbildung) mitbringt, sich selbstständig machen und ein Unternehmen gründen kann. Selbstredend sind hierbei die folgenden Vorgaben zu beachten.

Betriebe des öffentlichen Rechts

Schon mehrfach ist der Staat als Akteur im wirtschaftlichen Prozess aufgetreten. Auch beim Thema „Betrieb", bei dem man ja zunächst einmal an private Wirtschaftsunternehmen denkt, ist der Staat beteiligt, weil es eben auch „Betriebe des öffentlichen Rechts" gibt. Man denke nur an die öffentlich-rechtlichen Fernsehanstalten ARD und ZDF.

Zu den öffentlich-rechtlichen Betrieben gehören rechtlich unselbstständige Betriebe, d.h. Betriebe, die keine eigene Rechtsform besitzen, sondern Teil der allgemeinen Verwaltung sind (z. B. städtische Müllabfuhr) und Körperschaften, Anstalten und. Stiftungen des öffentlichen Rechts. Träger dieser Betriebe können die Gemeinden, die Länder und der Bund sein.

Bund, Länder und Gemeinden sind oft auch an Unternehmungen mit privater Rechtsform beteiligt. So sind z. B. am Volkswagenwerk AG der Bund und das Land Niedersachsen mit je 20 % beteiligt. Die Aktien von Verkehrs- und Versorgungsbetrieben (z. B. Wasserwerken) in der Rechtsform der Aktiengesellschaft gehören oft zu 100 % Städten oder Gemeindezusammenschlüssen.

Betriebe des privaten Rechts

Bei den Unternehmungen des privaten Rechts handelt es sich entweder um Einzelunternehmungen, um Gesellschaften oder um Genossenschaften. Die Gesellschaften werden prinzipiell unterteilt in Personengesellschaften und Kapitalgesellschaften.

Für diese Unterscheidung sind zwei grundsätzliche Regelungen bedeutsam:

- Bei allen Personengesellschaften gibt es immer mindestens eine „natürliche" Person, die „mit Haut und Haaren" (d.h. mit ihrem gesamten Privatvermögen) für den Betrieb haftet. Bei den Kapitalgesellschaften gibt es diese private Haftung nicht.
- Personengesellschaften werden steuerlich günstiger behandelt als Kapitalgesellschaften, die unternehmensbezogene Steuerlast ist also geringer.

Unternehmungen des privaten Rechts

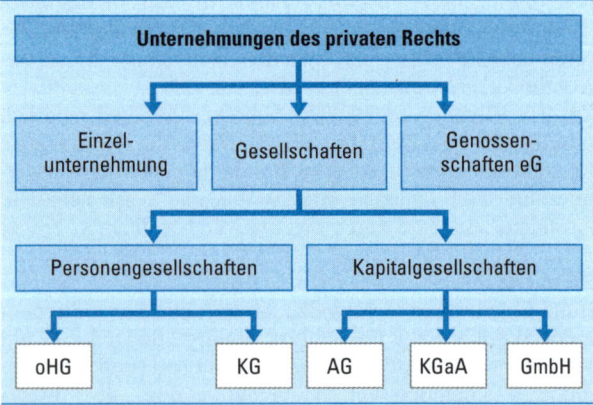

Personengesellschaften: Firma, OHG, KG

Die Einzelunternehmung und die Personengesellschaften sind im Handelsgesetzbuch (HGB) gesetzlich geregelt. Für die AG und GmbH sowie die Genossenschaften gibt es eigene Gesetze: das Aktiengesetz, das GmbH-Gesetz und das Genossenschaftsgesetz.

Diese gesetzlichen Vorschriften werden für die Gesellschaften und Genossenschaften ergänzt durch Gesellschaftsverträge oder Satzungen. Im Handelsregister und im Genossenschaftsregister kann man nähere Einzelheiten z. B. über die Höhe des Eigenkapitals und die Zusammensetzung der Organe nachlesen. Beide Register werden, wie das Grundbuch, bei den Amtsgerichten geführt.

Einzelunternehmung

Die Einzelunternehmung ist die am weitesten verbreitete Rechtsform, in der viele, allerdings fast ausschließlich kleinere Unternehmen betrieben werden. Fast 90 % aller in Deutschland registrierten Betriebe sind Einzelunternehmen, alle zusammen beschäftigen aber nur knapp ein Drittel aller abhängig Beschäftigten.

Der Unternehmer bringt
- das erforderliche Kapital auf,
- legt die Unternehmungsziele fest,
- leitet den Betrieb in der Regel auch selbst
- und streicht den Gewinn ein.

Den Namen, unter dem er seine Unternehmung betreibt, nennt man in der Sprache des Handelsrechts Firma. Besonders wichtig bei dieser Unternehmensform ist, dass der Unternehmer mit seinem gesamten Vermögen – also auch seinem Privatvermögen – für seine Firma haftet! Das hat große Vorteile bei der notwendigen Kreditbeschaffung, denn die Kreditinstitute haben als Sicherheit im *Gläubigerfall* das Privatvermögen des Kreditnehmers und sind daher eher bereit, Kredite zu gewähren. Aber dieser Vorteil ist selbstredend auch gleichzeitig der Pferdefuß, denn im Konkursfall ist eben auch das Privatvermögen zumindest gefährdet.

Offene Handelsgesellschaft (OHG)

Eine ungenügende Eigenkapitaldecke kann dazu führen, eine Einzelunternehmung in eine Offene Handelsgesellschaft umzuwandeln. Zwei oder mehr *Gesellschafter* schließen sich zusammen. Alle sind entsprechend ihrer Kapitaleinlage am Gewinn beteiligt und alle haften mit ihrem gesamten Vermögen. Diese Tatsache führt dazu, dass die Zahl der Gesellschafter beschränkt bleibt. Eine Mindesthöhe für die Kapitaleinlage ist nicht vorgesehen, sodass es vorkommen kann, dass z. B. ein Gesellschafter fast das gesamte Kapital, der andere hingegen vor allem technische oder kaufmännische Fähigkeiten in die gemeinsame Firma einbringt.

Unternehmungsformen im Vergleich – Personengesellschaften

	Einzelunternehmung	oHG	KG
Gesetzl. Regelung	HGB	HGB	HGB
Zahl der Gründer	1	mindestens 2	mindestens 2
Mindestzahl der Gesellschafter	–	2	1 Vollhafter 1 Teilhafter
Mindestkapital	–	–	–
Mindestanteil	–	–	–
Organe	–	–	–
Haftung	unbeschränkt	unbeschränkt	Komplementär: unbeschränkt Kommanditist: beschränkt
Gewinnverteilung	Gewinnverteilung analog zu den Eigentumsanteilen		
Verlustverteilung	= Haftung		

Im Firmennamen stehen die Namen beider Gesellschafter „Schmidt und Schulze".

Kommanditgesellschaft (KG)

Die Kommanditgesellschaft steht an der Grenze zu den Kapitalgesellschaften, gilt aber noch als Personengesellschaft. Es muss mindestens einen Gesellschafter *(Komplementär)* geben, der mit seinem gesamten Vermögen (auch dem privaten) für den Betrieb haftet. Alle weiteren Eigentümer der Kommanditgesellschaft heißen *Kommanditisten* und haften nur mit ihrer Kapitaleinlage. Gesetzliche Mindestgrenzen für den Kapitalstock und die Einlagenhöhe gibt es nicht.

Kapitalgesellschaften: AG, GmbH, eG

Aktiengesellschaft (AG)

Die Aktiengesellschaft ist die wirtschaftlich bedeutsamste Form der Kapitalgesellschaft. Jeder, der das nötige „Kleingeld" hat und eine Bank entsprechend beauftragt, kann Miteigentümer einer Aktiengesellschaft werden, indem er an der Börse Anteile (Aktien) des Betriebes erwirbt. Sein Risiko ist – verglichen mit dem (anteiligen) Besitz an einer Firma oder OHG – viel geringer, denn die Aktionäre haften – wie die Kommanditisten bei der KG – nur in Höhe ihrer Einlage. Daher auch der Begriff Kapitalgesellschaft, denn kein Anteilseigner haftet mit mehr als seiner Kapitaleinlage.

Die Gesellschaftsanteile (Aktien) der großen Aktiengesellschaften sind an einer *Wertpapierbörse* eingeführt, die seit einigen Jahren elektronisch funktioniert. Dort werden täglich Preise *(Kurse)* festgesetzt. Jeder Kauf- oder Verkaufswillige kann damit rechnen, zum Tageskurs Aktien seiner Wahl kaufen oder verkaufen zu können.

Gesetzlicher Vertreter der AG ist der Vorstand, der meist aus mehreren Personen besteht. Neben dem Vorstand besitzt die AG zwei weitere Organe, nämlich den Aufsichtsrat und die Hauptversammlung. Der Aufsichtsrat bestellt den Vorstand und überwacht seine Geschäftsführung. Die Hauptversammlung ist das beschlussfassende Organ, das in der Regel einmal jährlich tagt, den Geschäftsbericht (Bilanz) und den Jahresabschluss (Bilanzgewinn) entgegennimmt, den Vorstand und den Aufsichtsrat entlastet und den Wirtschaftsprüfer wählt. Auch Satzungsänderungen müssen von der Hauptversammlung (mit 75 %-Mehrheit) beschlossen werden. Dazu zählt z. B. die Erhöhung des Grundkapitals durch Ausgabe „junger Aktien" oder die Fusion mit einer anderen AG.

Alle AGs sind gesetzlich dazu gezwungen, einmal im Jahr ihre *Bilanz* öffentlich (z. B. in den Wirtschaftsteilen der großen Tageszeitungen) bekannt zu geben.

Da bei den großen Aktiengesellschaften nicht alle Aktionäre zur Hauptversammlung zusammenkommen können, ist im Aktiengesetz vorgesehen, dass die Aktionäre sich vertreten lassen können. Das übernehmen die Banken, die die Aktien ihrer Kunden im Depot verwalten (Ausübung des *Depotstimmrechts*). Dies sichert den Banken in der Bundesrepublik eine sehr große Macht, denn sie stellen bei vielen Hauptversammlungen die Mehrheit des Aktienkapitals.

Das Mindest-Grundkapital einer AG beträgt 50 000 €, der Mindestnennwert einer Aktie 25 €. Daneben gibt es Aktien mit einem Nennwert von 50, 250, 500 und 5000 €. Der Jahresüberschuss wird zum Teil als Dividende an die Aktionäre ausgeschüttet, zum anderen Teil wieder investiert.

Gesellschaft mit beschränkter Haftung (GmbH)

Die GmbH ist im Prinzip eine „kleine" Aktiengesellschaft, denn auch GmbH-Anteile kann man käuflich erwerben. Damit wird man zum Miteigentümer eines Unternehmens, für das man aber nur mit seiner Kapitaleinlage haftet.

Es gibt aber einen Reihe von Unterschieden:

- Das Mindeststammkapital beträgt 25 000 €.
- GmbH-Anteile werden nicht an der Börse gehandelt, sind also nicht allgemein zugänglich.
- Die GmbHs müssen seit neuestem ihren Geschäftsbericht auch veröffentlichen.

Eingetragene Genossenschaft (eG)

Ziel jeder Genossenschaft ist es, ihre Mitglieder zu fördern,
z. B. durch günstige Einkaufs- oder Absatzmöglichkeiten.
Gegründet wurden die Genossenschaften als Selbsthilfeor-
ganisationen der Landwirte (z. B. Raiffeisen-Genossen-
schaften), als „Arbeiterkonsumvereine" der Gewerkschaften. Durch direkten Kauf sollten bei den Erzeugern günsti-
gere Konditionen ausgehandelt und ohne Zwischenhandel
weitergegeben werden. Heute betreiben die Genossenschaften auch Geschäfte mit Nichtmitgliedern und
unterscheiden sich kaum noch von anderen
Unternehmungen.

**Unternehmungsformen
im Vergleich – Kapital-
gesellschaften**

	AG	GmbH	eG
Gesetzliche Regelung	Aktiengesetz	GmbH-Gesetz	Genossen-schaftsgesetz
Zahl der Gründer	mindestens 1	mindestens 1	mindestens 7
Mindestzahl der Gesell-schafter	1 Aktionär	1 Gesellschafter	7 Genossen
Mindestkapital	Grundkapital 50000 €	Stammkapital 25000 €	–
Mindestanteil	1 €	100 €	–
Organe	Hauptver-sammlung, Aufsichtsrat, Vorstand	Gesellschafter-versammlung, Geschäftsführer (evtl. Aufsichtsrat)	General-versammlung, Aufsichtsrat, Vorstand
Haftung	beschränkt	beschränkt	beschränkt oder unbeschränkt (selten)

GmbH & Co. KG

Eine sehr interessante Sonderform nimmt die Rechtsform der GmbH & Co. KG ein. Hier werden die (steuerlichen) Vorteile der Personengesellschaft mit demjenigen Vorteil der Kapitalgesellschaft kombiniert, keinen mit seinem Privatvermögen haftenden *Vollhafter* zu haben. Daher sind in den letzten Jahrzehnten viele mittelständische Unternehmen in dieser Rechtsform gegründet oder in sie umgewandelt worden. Die Gründer wollen mit der Wahl dieser Rechtsform eine Beschränkung ihrer Haftung mit steuerlichen Vorteilen verbinden. Es ist möglich, dass nur eine einzige Person – und diese nur mit beschränkter Haftung – hinter einer solchen Firma steht.

Der „Trick" bei dieser Unternehmensform besteht darin, dass zwei oder mehr Anteilseigner zunächst eine GmbH gründen, und dann, wenn diese ins Handelsregister eingetragen ist, eine Kommanditgesellschaft, in der die „juristische Person" GmbH der Komplementär (Vollhafter) wird und die Anteilseig-

Unternehmungsformen im Vergleich – GmbH & Co. KG

Gesetzliche Regelung	HGB
Zahl der Gründer	Mindestens zwei „natürliche" Personen und die „juristische Person" GmbH
Mindestzahl der Gesellschafter	1 Vollhafter (GmbH) 1 Teilhafter
Mindestkapital	–
Mindestanteil	–
Organe	–
Haftung	Vollhafter: unbeschränkt, d. h. maximal bis Kapitalhöhe Teilhafter: beschränkt

ner der GmbH (und ggf. auch weitere Personen) als Kommanditisten fungieren. Man hat jetzt als Vollhafter eine GmbH. Das bedeutet, dass das Privatvermögen der GmbH-Besitzer jedem Zugriff entzogen ist, denn in der GmbH haftet jeder nur mit seiner Kapitaleinlage und genießt zu gleicher Zeit die Vorteile der Personengesellschaft.

Pleiten, Pech und Pannen

Unternehmungen werden im Allgemeinen nicht auf Zeit, sondern auf Dauer gegründet. Dennoch werden immer wieder Unternehmungen aufgelöst, teils freiwillig, teils unfreiwillig.

Freiwillige Auflösungen stehen oft im Zusammenhang mit dem persönlichen Lebensschicksal der Unternehmer, z. B. Alter, Krankheit oder Umzug. Da nach dem Grundrecht der Gewerbefreiheit grundsätzlich jedermann Unternehmen gründen und auch wieder auflösen kann, spielen oft auch Gewinnmotive eine Rolle: Wer sich in einer Branche keine Zukunft mehr ausrechnet, schließt sein Unternehmen und eröffnet evtl. in einem anderen Wirtschaftszweig ein neues. Diese freiwillige Auflösung einer Unternehmung bezeichnet man als *Liquidation*.

In den letzten Jahrzehnten aber nimmt die Zahl der unfreiwilligen Auflösungen wegen *Insolvenz*, im Volksmund „Pleiten" genannt, kontinuierlich zu. Solche Auflösungen erfolgen entweder, weil die Unternehmungen ihren finanziellen Verpflichtungen nicht mehr nachkommen können (Zahlungsunfähigkeit) oder weil sie mehr Schulden als Vermögen haben *(Überschuldung)*.

Im Jahr 1998 z. B. betrug die Zahl der Insolvenzmeldungen insgesamt 43 542, davon entfielen fast ein Viertel (9545) auf die neuen Bundesländer. Für die neuen Bundesländer bedeutet dies eine Verdoppelung der Pleiten im Zeitraum von fünf Jahren, denn 1994 lag die Zahl der Insolvenzen noch deutlich unter 5000.

Die Auflösung einer Unternehmung kann von jedem betrieben werden, der von der Firma Geld zu bekommen hat (Gläubiger) oder auch von dem Unternehmen selbst. Das gerichtliche Verfahren, in dem über das Vermögen des Schuldners zugunsten der Gläubiger zwangsweise verfügt wird, nennt man **Konkurs**. In einem solchen Verfahren gehen die „normalen" Gläubiger oft leer aus, weil zunächst die bevorrechtigten Gläubiger (z. B. Lohn- und Gehaltsforderungen der Arbeitnehmer, Steuerforderungen des Finanzamts) befriedigt werden.

In der Regel wird zunächst versucht, ein Konkursverfahren zu vermeiden und einen gerichtlichen oder außergerichtlichen **Vergleich** herbeizuführen. Dabei soll es im Interesse der Belegschaft und der Gesamtwirtschaft ermöglicht werden, das Unternehmen weiterzuführen, was bei einem Konkurs nicht mehr möglich ist. Das Vergleichsverfahren dient also der **Sanierung** (d. h. der Wiedergesundung) der Unternehmung. Freilich ist es zum Vergleich erforderlich, dass noch so viel Vermögen vorhanden ist, dass den Gläubigern mindestens 35 % ihrer Forderungen erstattet werden können.

Zum 1.1.1999 trat eine neue Insolvenzverordnung in Kraft. Für den Schuldner haben sich die Schuldenregulierungsmöglichkeiten dadurch erweitert. Zu den bisherigen außergerichtlichen Regulierungsmöglichkeiten kommt die Schuldenbereinigung durch Gerichtshilfe (Schuldenbereinigungsplan), die Masseverteilung im vereinfachten Verbraucherinsolvenzverfahren und das Restschuldbefreiungsverfahren hinzu.

„Auf dem Markt

gibt es nicht nur Kartoffeln und Tomaten."

Was passiert auf dem Markt?
Und warum passiert überhaupt etwas?

Man stelle sich eine menschliche Gemeinschaft von vielleicht einigen Dutzend Individuen vor, in der alle Erwachsenen vergleichbare Fähigkeiten und Fertigkeiten haben, so wie das zu Beginn unserer Menschengeschichte in der Urgesellschaft wahrscheinlich der Fall war. In dieser „Urhorde" gibt es (noch) keine Spezialisierung – abgesehen von der biologischen – und daher auch keine *Arbeitsteilung*. Jede und jeder kann grundsätzlich alle anfallenden Arbeiten übernehmen. Im Lauf der Zeit aber stellt sich heraus, dass der eine oder die andere für gewisse Tätigkeiten mehr Talent hat, z. B. bei der Herstellung von Jagdwaffen geschickter und schneller – also effektiver – zu Werke geht. Die logische Konsequenz: Dieses Mitglied der Urhorde braucht nicht mehr mit auf die Jagd zu gehen, denn wenn statt seiner ein anderer zu Hause bleibt, um Waffen herzustellen, schafft dieser nur die Hälfte des Arbeitspensums, und das vielleicht auch noch bei schlechterer Qualität. In diesem Augenblick hat die Urhorde – natürlich ohne ihr Wissen – die erste Voraussetzung für die moderne Marktwirtschaft entwickelt: die aus der *Spezialisierung* hervorgehende Arbeitsteilung innerhalb der menschlichen Gesellschaft.

Von der arbeitsteiligen zur warenproduzierenden Gesellschaft ist es aber (historisch) noch ein langer Weg, der endgültig in der Bronzezeit begonnen und letztlich erst heute abgeschlossen wurde. Um das Beispiel noch einmal aufzugreifen: Da der Waffenhersteller seine Waffen ja nicht essen kann, wird er natürlich von den Jägern mitverpflegt, die mit seinen Waffen effektiver jagen können. Ein System gegenseitiger Abhängigkeiten entsteht, aber noch wird gemeinsam in der Horde produziert und konsumiert! Karl Marx, der entschiedenste Gegner des Privateigentums, spricht daher auch zu Recht von dieser Phase als vom „Urkommunismus".

Von der Arbeitsteilung zur Warenproduktion

Zur Warenproduktion gehört das Privateigentum untrennbar hinzu, denn erst und nur dann, wenn der von mir produzierte Gegenstand von allen als mein Eigentum anerkannt wird, kann ich über ihn verfügen und ihn z. B. gegen etwas anderes eintauschen. Historisch hat sich dieser Tausch sicherlich zunächst nicht zwischen Individuen, sondern zwischen einzelnen Horden oder Sippen entwickelt. Mit dem Aufkommen der Metallverarbeitung in der Bronzezeit, zu der ja auch der Bergbau gehört, waren manche Sippen durch „Grundbesitz" (Rohstoffe) und/oder technisches „Know-how" so privilegiert, dass ihnen andere Sippen Produkte zum Tausch anbieten mussten, wenn sie in den Besitz der neuen, viel effektiveren Metallwerkzeuge und -waffen gelangen wollten.

In dieser historischen Situation, die immerhin schon rund 5000 Jahre zurückliegt, sind die allgemeinen Rahmenbedingungen der modernen Marktwirtschaft bereits enthalten:

Produziert wird nicht mehr für den eigenen Verbrauch, sondern für einen Tauschmarkt – und sei der noch so wenig entwickelt. Der Warenproduzent tauscht (verkauft) auf diesem Markt seine Produkte, um diejenigen Güter einzutauschen (zu kaufen), die er für seine Existenz braucht.

Der Tausch wiederum beinhaltet eine Reihe von Voraussetzungen, ohne die er nicht funktionieren könnte:

Friedlichkeit: Ein Tausch kommt nur zustande, wenn sich beide Seiten gegenseitig als Privateigentümer ihrer Produkte anerkennen und keiner dem anderen dessen Güter rauben will. (So etwas lag natürlich trotzdem immer nahe, daher gehörte von Anfang an zum Marktrecht auch immer die bewaffnete Ordnungsmacht, die die Einhaltung der Marktordnung überwachte.)

Freiwilligkeit: Nur, wenn beide Tauschpartner es wollen, kommt der Tausch zustande. Mit anderen Worten: Beide müssen sich nicht nur darüber einig sein, dass sie ihre Produkte tauschen wollen, sondern auch über die Quantität der beiden Tauschwaren. Nach dem Aufkommen des Geldes, das diesen einfachen Warentausch „x Ware A gegen y Ware B" wesentlich vereinfacht, kann man statt des sperrigen Begriffs „Tauschquantität" einfach sagen „Preis"!

Gleichheit: Auf dem Markt gelten alle Individuen als prinzipiell gleich – nämlich als Verkäufer bzw. Käufer von Waren. Ihre sonstige Individualität, ihr gesellschaftlicher Rang, ihre Privilegien usw. spielen während des Marktgeschehens keine Rolle – selbst dann nicht, wenn – wie bei der Versteigerung der UMTS-Lizenzen für fast 50 000 000 000 € – die potenziellen Käufer riesige Weltfirmen und die angebotenen Summen wahrhaft exorbitant sind! Mit anderen Worten: Zum Markt gehört die Konkurrenz, denn wenn alle gleich sind, haben auch alle das gleiche Recht, sich im freien Wettbewerb gegen die anderen durchzusetzen.

Der „vollkommene Markt"

Dieser Markt ist ein Ideal, es gibt ihn in hundertprozentiger Ausprägung nirgends. Dennoch stellt er ein wichtiges Modell dar, das die Ökonomen zur näheren Bestimmung des Marktgeschehens benötigen. Andererseits kommt ein ganz normaler Wochenmarkt diesem Modell schon ganz schön nahe.

Folgende Grundannahmen benötigen die Volkswirtschaftler für den vollkommenen Markt:

Alle auf diesem Markt angebotenen Waren einer bestimmten Art (z. B. Kartoffeln) sind qualitativ völlig gleichwertig.

Alle am Marktgeschehen beteiligten Käufer und Verkäufer sind vollkommen über alles, was das Marktgeschehen angeht, informiert, wissen z. B. alle Kartoffelpreise aller Marktstände.

Alle lassen sich nicht von irrationalen Beweggründen zum

Kauf oder Verkauf hinreißen, also Dinge wie Traditionen, persönliche Vorlieben oder Abneigungen, Aberglauben, karitative Motive spielen keine Rolle. Es herrscht also vollkommene Konkurrenz zwischen allen.

Unter diesen Voraussetzungen kann es jetzt nur einen einzigen Preis für jedes Gut geben, wie die Grafiken zur Angebots- und Nachfragekurve zeigen.

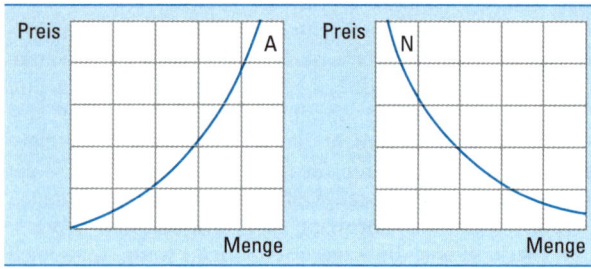

Angebots- und Nachfragekurve

Die Anbieter sind natürlich glücklich über einen möglichst hohen Preis. Je höher dieser Preis klettert, desto größer würde die Tendenz auf dem Markt werden, das Angebot auszuweiten. Geht der Preis dagegen auf den Nullpunkt zu, geht auch das Angebot gegen null – die Anbieterkurve nimmt die Form einer Parabel an. Aus der Perspektive der Käufer ist das natürlich genau umgekehrt: Je niedriger der Preis, desto höher die Kaufbereitschaft, je höher der Preis, desto geringer die Nachfrage – das Nachfrageinteresse lässt sich nur in der Form einer Hyperbel grafisch darstellen.

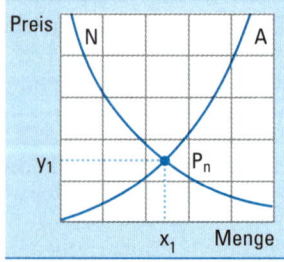

Nachfrageinteresse

Legt man die beiden Kurven übereinander, so ergibt sich zwangsläufig ein Schnittpunkt. Dieser Schnittpunkt ist der Schlüssel zum Verständnis der gesamten marktwirtschaftlichen Theorie: An diesem Punkt ergibt sich der so genannte *natürliche Preis* (Pn), und nur an diesem Punkt können Angebot und Nachfrage in eine ausgewogene Har-

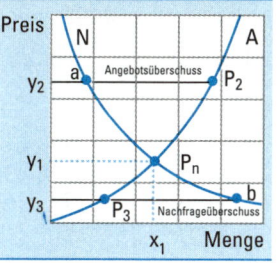

Angebots- und Nachfrage- überschuss

monie kommen. Die gesamte Menge y_1-P_n wird zum Preis von x_1-P_n verkauft. Die Grafik zeigt, was passiert, wenn der Preis – warum auch immer – nach oben oder unten rutscht.

Wandert der Preis nach oben zum Punkt P_2, wird zwar die Menge y_2-P_2 angeboten, aber nur die Menge y_2-a nachgefragt – es entsteht ein Angebotsüberschuss, der grafisch durch die Strecke a-P_2 illustriert wird. Die einzige Möglichkeit der Anbieter, diesen Überschuss loszuwerden (also die angebotene Ware dennoch zu verkaufen), ist, den Preis wieder zu senken. Rutscht der Preis dann auf den Punkt P_3, entsteht die umgekehrte Situation: Einer hohen Nachfrage (y_3-b) steht ein geringes Angebot (y_3-P_3) gegenüber, es kommt daher zu einem Nachfrageüberschuss (P_3-b), was den Preis sofort wieder in die Höhe schnellen lässt.

Die Lehre aus dieser kleinen Modellrechnung ist also: Überlässt man auf dem (vollkommenen) Markt alles dem freien Spiel der Marktkräfte, gibt es für jedes beliebige Gut zu einem bestimmten Zeitpunkt einen natürlichen Preis, zu dem die gesamte angebotene Menge verkauft wird – Krisen durch Überproduktion oder Mangel sind ausgeschlossen. Mit anderen Worten: Die Marktwirtschaft enthält einen sich selbst regelnden Mechanismus in Form der Marktgesetze, der ohne Eingriff von außen die wirtschaftliche Effizienz sichert. Schon vor rund 200 Jahren hat das der englische Nationalökonom Adam Smith auf die Formel der *unsichtbaren Hand* gebracht, die quasi „hinter dem Rücken" der Men-

Preis je Einheit	Nachgefr. Menge	Angebot. Menge	Differenz	
10	15	107	92	⎫
9	19	100	81	⎪
8	25	92	67	⎬ Angebots-überhang
7	31	85	54	⎪
6	38	77	39	⎪
5	47	68	21	⎭
4	57	57	–	＞ GP
3	75	43	32	⎫
2	100	25	75	⎬ Nachfrage-überhang
1	120	10	110	⎭

Gleichgewichts-preis (GP)

schen und ohne ihr bewussten Zutun die (Markt-) Wirtschaft so steuert, dass für alle eine optimale Versorgung gewährleistet ist.

Der reale Markt

Zur Erinnerung: Formuliert werden kann dies Gesetz des natürlichen Preises nur auf der Basis der oben skizzierten Bedingungen, und die sind eben „idealtypisch", d.h., nicht realistisch und durch vielerlei Faktoren gefährdet:

- Gleichwertigkeit der Waren ist real so nicht gegeben.
- Den zu 100 % informierten Marktteilnehmer gibt es nicht.
- Bei Käufern spielen irrationale Größen wie unbedingte Treue zu einer bestimmten Marke immer eine Rolle, nicht nur reale Faktoren sind ausschlaggebend.
- Sowohl die Angebots- als auch die Nachfragekurven sind ständigen Schwankungen unterworfen, z. B. durch Änderung von Moden und sonstigen Konsumgewohnheiten, neue Produkte, *exogene* (von außen kommende) *Faktoren* (z. B. Einfluss der Rohölpreise auf die Autoindustrie), gezielte staatliche Beeinflussung (z. B. die Ökosteuer) usw.

- Die „Sparquote", also der Teil des Einkommens, den private Haushalte im Regelfall trotz verlockend niedriger Preise nicht ausgeben, wird ebenso wenig berücksichtigt wie der Handel mit ausländischen Märkten.

Und schließlich der wichtigste Aspekt: Das Marktmodell funktioniert nur unter der Bedingung der möglichst vollständigen Konkurrenz! Nur wenn auf einem Markt für ein bestimmtes Produkt mehrere Anbieter auftreten, besteht für alle die Notwendigkeit, den natürlichen Preis zu realisieren – geht ein einzelner Anbieter höher, bleiben ihm die Kunden weg, geht er niedriger, macht er weniger oder keinen Gewinn. Im selben Augenblick, in dem ein *Monopol* entsteht oder sich wenige Großfirmen einen Markt teilen, Preise absprechen und auf Konkurrenz verzichten (z. B. der Benzinmarkt, auch wenn gerade vom Bundeskartellamt offiziell keinerlei Preisabsprachen wahrgenommen werden können!), können andere Preise als der natürliche Preis durchgedrückt werden – denn die Menschen sind auf viele Produkte zum Leben unmittelbar angewiesen (siehe Benzin), und der Konkurrenzmechanismus ist außer Kraft gesetzt.

Folgerichtig ist die Kontrolle und notfalls die Verhinderung der Monopolbildung durch die staatliche Aufsicht (Bundeskartellamt) seit Einführung der sozialen Marktwirtschaft in der Bundesrepublik 1949 das neben der Sozialstaatsklausel wichtigste Korrektiv an der freien Marktwirtschaft und von den Schöpfern dieses Wirtschaftskonzeptes – Alfred Müller Armack und Ludwig Erhard – zu einem der zentralen Prinzipien erhoben worden. Völlig ungelöst aber ist heute die Frage, wie angesichts der Globalisierung und des raschen Zusammenwachsens der Weltwirtschaft solche Kontrollen international durchgeführt werden können.

Der natürliche Preis der Arbeit?

Die Überlegungen zum natürlichen Preis sind von besonderer Bedeutung auf dem Markt, der für (fast) alle Beschäftigten der wichtigste ist – dem Arbeitsmarkt. Dort stehen sich –

wie auf allen anderen Märkten auch – Anbieter und Nachfrager gegenüber. Die Ware hat in diesem Fall allerdings die Besonderheit, dass sie an die Person des Arbeiters gebunden ist – sein physisches und psychisches Arbeitsvermögen, seinen Kenntnis- und Ausbildungsstand, seine Fähigkeiten und Fertigkeiten. Der Arbeitsuchende ist also auf diesem Markt der Anbieter, der Unternehmer, der die Arbeitskraft für den Betrieb seiner Maschinen und also letztlich zur Produktion benötigt, ist der Nachfrager. (In den Begriffen „Arbeitgeber" für Unternehmer und „Arbeitnehmer" für Arbeiter ist dies Verhältnis sprachlich auf den Kopf gestellt!) Auch der Preis für diese Ware nimmt eine besondere Form an – es ist Lohn für die geleistete Arbeit.

Die Grafiken zum Verhältnis von Angebot und Nachfrage lassen sich problemlos auf den Arbeitsmarkt übertragen und alle bisherigen Überlegungen bleiben gültig, d.h. es gibt einen natürlichen Preis für die Arbeit, bei dem Nachfrage und Angebot sich die Waage halten. Aber auch hier sind die Verzerrungen des „realen" Marktes von großer Bedeutung:

- Die völlige Gleichartigkeit der Waren ist nicht gegeben. Stattdessen werden die persönlichen Fähigkeiten der Mitarbeiter immer wichtiger, auch bei der Tarifgestaltung.
- Auch auf dem Arbeitsmarkt spielen Irrationalismen aller Art eine große Rolle.

Die Angebots- und Nachfragekurve können sehr großen Schwankungen unterworfen sein! So kann eine Wirtschaftskrise die Nachfragekurve stark nach unten „ziehen", sodass der natürliche Preis der Arbeit sehr gering wird. Die Löhne fallen vielleicht sogar unter das *Existenzminimum*. Auch das Gegenteil kann der Fall sein und der natürliche Preis der Arbeit aufgrund großer Produktivitätssteigerungen in ungeahnte Höhen steigen wie in den Industrieländern in der zweiten Hälfte des 20. Jh.s.

Auch hier gefährdet die Monopolisierung auf Anbieter- wie auf Nachfragerseite das Modell, denn ohne Konkurrenz lassen sich die Preise wie auf allen anderen Märkten relativ willkürlich festsetzen.

Die Tarifautonomie

Unter „Tarifen" versteht man zunächst einmal die zwischen Gewerkschaften und Unternehmen ausgehandelten Löhne *(Lohntarife)*, aber auch weitere Regelungen wie die Anzahl der bezahlten Urlaubstage, die Arbeitsbedingungen, den Arbeitsschutz usw. *(Manteltarife).* Bei den Lohntarifen gibt es Flächentarife, die für alle Betriebe und alle Arbeitnehmer der jeweiligen Branche in dem Tarifbezirk gelten, und Haustarife, die von einzelnen großen Konzernen mit der Belegschaft ausgehandelt werden.

Tarifautonomie bedeutet, dass niemand, weder staatliche Stellen noch sonst jemand, den beiden Tarifparteien, also Arbeitgebern und Arbeitnehmern, Vorschriften bei der Gestaltung der Tarife machen darf. Dieses Recht wird indirekt sogar in Art. 9 GG – also einem der fundamentalen Grundrechte – garantiert.

Da – wie auf allen Märkten – auch auf dem Arbeitsmarkt beide Seiten versuchen, den Preis für die Arbeit für sie möglichst günstig zu gestalten, gibt es gesetzlich anerkannte und genau formulierte Spielregeln für Arbeitskämpfe. Beide Seiten verfügen über legitime „Kampfmittel": den *Streik* – also die Arbeitsverweigerung – seitens der Arbeitnehmer, die *Aussperrung* – also das faktische Zusperren der Fabriken – seitens der Arbeitgeber. Letzteres wurde von den Gewerkschaften immer als illegitimes Mittel angeprangert, da unser Grundgesetz in Art. 13/2 die so genannte Sozialbindungsklausel enthält: „Eigentum verpflichtet, sein Gebrauch soll zugleich dem Wohle der Allgemeinheit dienen." Das Bundesverfassungsgericht hat aber Mitte der 70er-Jahre eindeutig das Recht auf Aussperrung bestätigt. Das Gericht hat sich dabei auf Art. 13/1 Grundgesetz, die so genannte Eigentumsgarantie gestützt: „Das Eigentum und das Erbrecht werden gewährleistet."

Wenn durch Verhandlungen oder einen Arbeitskampf ein neuer Tarif ausgehandelt worden ist, hat dieser zunächst einmal eine bestimmte Laufzeit (in der Regel bei Lohntarifen ein Jahr, bei Manteltarifen mehrere Jahre) – während dieser *Laufzeit* darf kein Arbeitskampf stattfinden. Nur wenn eine der Parteien den Tarif vor Ablauf kündigt, verlängert er sich nicht automatisch.

Natürlich laufen während der Streikzeit die Verhandlungen weiter, und spätestens dann, wenn ein neues Angebot der Unternehmer vorliegt, muss die Gewerkschaft eine erneute Urabstimmung durchführen, bei der lediglich 25 % für dieses neue Angebot zu votieren brauchen. In diesem Fall ist der Arbeitskampf beendet und eine neue Tariflaufzeit beginnt.

Auf gar keinen Fall darf der Staat – z.B. durch die Gewährung von Arbeitslosen- oder Kurzarbeitergeld – in den Arbeitskampf eingreifen. In der Vergangenheit hat dies des öfteren zu heftigen Auseinandersetzung um das so genannte „Arbeitsförderungsgesetz" (AFG) geführt. Dort ist im § 16 die Verpflichtung der Bundesanstalt für Arbeit (BfA) zu strikter Neutralität während eines Arbeitskampfes eindeutig geregelt. So hat die IG Metall 1984 für die Durchsetzung der 35-Stunden-Woche die so genannte Minimax-Streik-Taktik angewandt: Ausgesuchte Zulieferbetriebe wurden bestreikt, dadurch aber z. B. die gesamte Autoindustrie lahmgelegt. Die Metaller in der Automobilindustrie streikten also nicht, konnten aber trotzdem nicht arbeiten und beantragten bei der BfA „Kurzarbeitergeld" (Ausgleichszahlungen für Lohnausfälle wegen Kurzarbeit). Die folgende Auseinandersetzung um das Prinzip der Tarifautonomie verloren die Gewerkschaften. Das AfG wurde präzisiert: Es darf keine Zahlungen der BfA geben, wenn Kurzarbeit die direkte Folge eines Streiks ist und die kurzarbeitenden Metaller von dem neuen Tarifvertrag betroffen sein werden.

Beide Tarifparteien sind gezwungen, dieses Regeln für den Arbeitskampf einzuhalten. Finden während der Laufzeit einen Tarifes Streiks statt oder wird z.B. das Ergebnis einer der Urabstimmungen ignoriert, so spricht man von einem „wilden Streik". Dieser ist gesetzlich verboten, die Streikenden können sich nicht auf die Tarifautonomie berufen und machen sich häufig sogar strafbar (z.B. Nötigung).

„*Money makes the World go around …* "

Geld und Währung

Von der Bedeutung des Geldes für die warenproduzierende Gesellschaft

Im vorigen Kapitel wurde dargestellt, wie die Marktgesetze funktionieren und wie sie sich durchgesetzt haben – all dieses aber wäre ohne die „Erfindung" des Geldes unmöglich gewesen! Was aber macht das Phänomen „Geld" überhaupt aus und warum ist es so wichtig für die warenproduzierende Gesellschaft?

Vom Wesen des Geldes

Warenproduktion heißt, dass jeder nicht für den eigenen Gebrauch etwas herstellt, sondern für den Markt, um es dort gegen alle die Produkte einzutauschen, die er selbst zum Leben braucht bzw. gerne konsumieren würde. Letztlich also liegt das Motiv darin, andere Dinge besitzen zu wollen. Die zunächst sicher eher zufällig erfolgten Warentauschaktionen kommen dann auch ohne jedes Geld aus. Beide Tauschpartner werden sich einig, weil jeder genau an der Ware des anderen interessiert ist – gefeilscht wird allenfalls um die Quantität, also um die jeweiligen Tauschmengen.

Was aber, wenn auf einem etwas weiter entwickelten Markt der eine Tauschpartner an der Ware des anderen gänzlich uninteressiert ist, sondern an der Ware eines dritten, der wiederum nur an der Ware des vierten Interesse zeigt, dieser sich aber ausschließlich um die Ware des ersten kümmert? Ein langer und komplizierter Prozess vieler einzelner Tauschakte wäre die Folge.

▶ S. 58

Die Entstehungs-geschichte des Geldes

Die „Geldform" zeichnet sich durch einige physika-lisch-stoffliche Besonderheiten aus:

- Sie muss möglichst haltbar sein. (Frischer Fisch als Zahlungsmittel wäre denkbar ungeeignet.)
- Sie muss beliebig in kleinere Quantitäten teilbar und wieder zu größeren Einheiten zusammenfüg-bar sein. (Damit scheiden fast alle Lebewesen aus – auch wenn z. B. Ziegen bei Nomaden ein gängiges Zahlungsmittel waren.)
- Um beliebig transportabel zu sein, muss sie auf kleinem Raum möglichst viel „Wert" verkörpern, also extrem selten und schwer zu gewinnen sein, also Gold statt Eisen.

Die Menschen kamen sehr schnell dahinter, dass die Edelmetalle Gold und Silber sowie einige andere Materialien wie Bernstein, Perlen usw. sich am be-sten für diese Geldfunktion eigneten. Wichtig für die erste Phase der Geldwirtschaft ist, dass das Geld je-derzeit wieder eine normale Ware werden, das Gold also auch zu ganz anderen Zwecken benutzt werden kann. Eine Geldentwertung (Inflation) kann es auf diese Weise nicht geben.

In unserer Zivilisation entwickelte sich aus den Klümpchen Gold, die abgewogen werden mussten, bald eine Art Scheibe, auf der ein Zeichen einge-prägt war. Damit sie nicht beliebig nachgemacht wer-den konnte, übernahm der Kaiser oder König die Auf-gabe und das alleinige Recht, die Münzen zu prägen (Münzregal). Von diesem Zeitpunkt an wurde der Wert des Geldes nicht mehr nur durch den Materialwert verkörpert („Kurantmünze"), sondern auch durch staatliche Garantie und gesellschaftliche Konvention („Scheidemünze"). Grundsätzlich ist nun die Gefahr einer Geldentwertung möglich geworden.

Dieses Münzgeld hat über 2 Jahrtausende bestanden. Seine heutigen Stellvertreter sind vor allem Geldscheine. Gold und Silber müssen nicht mehr direkt zirkulieren, sondern werden in einer Bank gehortet. Zunächst war die Deckung des Notengeldes durch Gold noch zwingend vorgeschrieben. Im Deutschen Reich bestand bis 1909 für die Reichsbanknoten kein Annahmezwang, d. h., ein Verkäufer konnte gute Goldmünzen verlangen. Heute gibt es keine Deckungspflicht mehr, allerdings horten die meisten Staaten immer noch Goldreserven.

Noch ein Kuriosum: In den 70er-Jahren stieg der Weltmarktpreis für Silber sehr stark an. Der „Heiermann" (das Fünfmarkstück) hatte plötzlich einen hohen Materialwert! Hätte man alle Heiermänner aufgekauft, eingeschmolzen und das gewonnene Silber verkauft – der Gewinn wäre nicht schlecht gewesen. Also: Die Münze wurde schnellstens aus dem Verkehr gezogen und durch eine „wertlosere" ersetzt.

Heute ist das Giralgeld neben dem Notengeld bestimmend. Es hat überhaupt keinen „stofflichen Gehalt" mehr, sondern erscheint nur noch in Form von Zahlen auf Kontoauszügen, Überweisungen usw.

Kurz zusammengefasst die heutigen Geldarten:

- **Münzgeld.** Während früher diverse Edelmetalle in bestimmter Form und Prägung als Kurantmünzen fungierten, sind heutzutage ausschließlich Scheidemünzen im Umlauf; dabei ist der Metallwert niedriger als der Nennwert.
- **Noten** (Papiergeld) sind stoffwertloses Geld. Ihr Wert ergibt sich ausschließlich aus ihrer Funktion als Tauschmittel.
- **Giralgeld** (Buchgeld) besteht aus Guthaben auf Bankkonten, über die im Zahlungsverkehr verfügt werden kann.

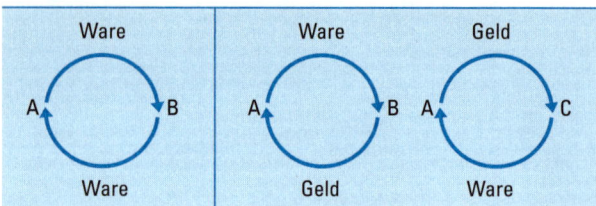

Die Menschen fanden sehr schnell heraus, dass es das Marktgeschehen ungeheuer erleichtert, wenn man ein allgemein anerkanntes ***Tauschmittel*** einführt – das Geld in seiner ersten und wichtigsten Funktion als Tauschmittel entstand. So kann der komplizierte Tausch Ware gegen Ware ungeheuer vereinfacht werden – in Kauf und Verkauf nämlich. Jeder Anbieter kann zunächst einem beliebigen Nachfrager seine Ware gegen Geld verkaufen und dann mit diesem Geld die selber angestrebten Produkte kaufen.

Eine zweite, ebenso wichtige Funktion kam sehr schnell hinzu: die Wertaufbewahrung! Da keiner gezwungen ist, sein verdientes Geld sofort wieder auszugeben, entsteht das Sparen und „Schatzbilden" geschichtlich gesehen parallel zur Verbreitung des Geldes als Tauschmittel.

Mit diesen beiden Grundlagen – Tausch und Wertaufbewahrung – ist die Grundfunktion des Geldes hinreichend beschrieben. Die gesamte weitere Entwicklung vom ersten Goldklumpen bis zur heutigen EC-Karte kann zwar als fortlaufende „Entstofflichung" bezeichnet werden, ändert aber am Charakter des Geldes nichts. Allerdings wird erst seit dem Aufkommen der ***Stellvertreterwährung*** (vgl. S. 57) sichtbar und mit dem heutigen Buchgeld völlig klar, dass das Wesen des Geldes auf nichts anderem als einer „Konvention", d.h., einer Übereinkunft beruht, und somit nichts weiter ist als der ideelle Gegenwert zu real vorhandenen materiellen Werten. Nur wenn dem in einer Volkswirtschaft kursierenden Geldvolumen ein tatsächlich geschaffener Gegenwert in Form von Produkten und Dienstleistungen gegenübersteht, kann das Geld seine Funktionen erfüllen.

Ist diese Bedingung nicht gegeben, z. B. durch staatliche Misswirtschaft, nützen alle Anordnungen staatlicher Stellen gar nichts, wie Beispiele aus der Geschichte zeigen: Die einzige „Währung", die auf dem Schwarzmarkt im (nicht nur) finanziell zerrütteten Deutschland der Nachkriegszeit von 1945-48 galt, waren amerikanische Zigaretten. Die Reichsmark wurde trotz entsprechender Anordnungen der Militärgouverneure als Zahlungsmittel nicht mehr anerkannt!

Geldwert und Geldentwertung – Arten und Ursachen von Inflation

Inflare heißt im Lateinischen ursprünglich „aufblähen", und das meint in diesem Falle, dass die Geldmenge sich im Vergleich zum vorhandenen Warenangebot stark vermehrt. Inflation ist daher immer verbunden mit einem Anstieg der Preise und einem Sinken der Kaufkraft. Der Begriff Deflation beschreibt die umgekehrte Entwicklung. Wenn der Wert des Geldes nicht mehr (nur) von seinem Materialwert abhängt, sondern seit Einführung der Scheidemünzen hauptsächlich von staatlicher Garantie, ist natürlich einer gewissen Willkür Tor und Tür geöffnet. Dies gilt umso mehr, als es für jede Regierung eine ausgesprochen große Versuchung darstellt, Schulden einfach durch Herstellung neuen Geldes abzutragen! Seit der Antike sind die Staaten daher auch die größten Inflationstreiber gewesen, sie konnten Münzverschlechterung und Geldmengenvermehrung durchsetzen.

Die klassische Inflationslehre sagt aus, dass die Inflation verursacht wird durch ein Aufblähen der Geldmenge gegenüber der Gütermenge. In einem gleichgewichtigen Zustand müssen Geld- und Gütermenge sich entsprechen, da die Geldsumme ja nichts anderes ist als der Ausdruck für die tatsächlich vorhandenen Werte in einer Volkswirtschaft. Wird die *Geldmenge* einseitig erhöht – z. B. durch eine entsprechende staatliche Anweisung –, so entfallen auf das einzelne Gut mehr Geldeinheiten, was einer Preiserhöhung gleichkommt. Auch bei steigender *Umschlagshäufigkeit* erhöht sich das Preisniveau, denn wenn eine gegebene Geldmenge in einem gegebenen Zeitraum schneller zirkuliert, bedeutet das, dass jeder am Wirtschaftsgeschehen Beteiligte die gleiche Geldmenge häufiger einnimmt bzw. ausgibt als bei niedriger Umlaufgeschwindigkeit. Die Erhöhung der Umlaufgeschwindigkeit hat also exakt denselben Effekt wie das Aufblähen der Geldmenge bei konstantem Umlauf.

Wird die Geldmenge erhöht, so steigt bei gleich bleibendem Warenangebot der Preis. Nimmt das Handelsvolumen zu, so muss das Preisniveau fallen oder die Geldseite muss größer werden.

Inflationäre Entwicklungen können auch entstehen durch den Kampf um die Verteilung des Bruttosozialprodukts. Die individuellen oder als Gruppen formierten Einkommensbezieher versuchen, Einkommensverbesserungen durchzusetzen, z. B. durch Tarifverhandlungen. Hierzu gehören auch Versuche, die Parteien, Parlamente und die öffentliche Meinung zu beeinflussen. Der allgemeinen Lohnhöhe kommt bei dieser Art der Inflation eine besondere Bedeutung zu, da die Unternehmer im Regelfall versuchen, ihre gestiegenen Kosten (höhere Löhne) auf die Preise „abzuwälzen" (Lohn-Preis-Spirale).

Es gibt allerdings auch die importierte Inflation durch stark gestiegene Weltmarktpreise für bestimmte Güter oder durch Verschlechterung der Wechselkurse. Ein Beispiel für die importierte Inflation waren die *Ölpreisschocks* 1973 und 1980, als sich der Rohölpreis jeweils innerhalb kürzester Zeit verdoppelte. Als Mitte der 80er-Jahre die Rohölpreise ebenso schlagartig sanken, kam es in der Bundesrepublik zu deflationären Tendenzen.

Inflationen können „schleichend" oder „galoppierend", „offen" oder „zurückgestaut" sein: Entscheidend bei den beiden ersten ist das Tempo, mit dem sich der Preisanstieg bzw. Geldwertverlust vollzieht. Eindeutig „galoppierend" sind lediglich deutlich zweistellige jährliche Raten der Geldentwertung, bei 50 % oder mehr spricht man von *Hyperinfla-*

tion. Wer z. B. im Deutschland des Jahres 1923 ein Pfund Fleisch kaufen wollte, musste sein Geld in einem großen Koffer zur Metzgerei schleppen, denn das Fleisch kostete Abermillionen – und er musste diesen Transport möglichst hurtig bewerkstelligen, denn auf dem Weg dorthin konnte es seinen Wert schon wieder halbiert haben! Kostete das Fleisch um 10 Uhr noch 1 Mio. Reichsmark pro Pfund, so konnten es um 12 Uhr vielleicht schon 5 Mio. sein.

Man spricht von einer gestoppten oder auch zurückgestauten Inflation, wenn der Staat durch einen allgemeinen Preisstopp den Anstieg des Preisniveaus verhindert, der ohne diesen Eingriff eintreten würde. In der Regel werden die inflationären Tendenzen in dem Moment offen und galoppierend, wenn dieser staatliche Zwangseingriff beendet wird.

Folgen von Inflation und Deflation

Da es sich bei inflationären Entwicklungen um – mathematisch gesprochen – „exponentielles" Wachstum handelt, bei dem in jedem neuen Jahr die Zahlen des vorhergehenden Jahres als die Ausgangsbasis von 100 % genommen werden, ist die Geldentwertung, wenn man absolute Zahlen nimmt, selbst dann erheblich, wenn die Inflationsrate klein ist, wie die nachfolgende Tabelle zeigt. So steigt schon bei einer Inflationsrate von durchschnittlich jährlich nur 2,5 % der Preis eines beliebigen Gutes in 10 Jahren um 28 %, in 20 Jahren um 64 %, und nach 30 Jahren hat sich bei dieser nun wirklich nicht hohen Inflationsrate der Aus-

Auswirkungen von Inflation und Deflation

Inflation	Deflation
Kaufkraftschwund bis hin zur völligen Geldentwertung Flucht in Sachwerte und damit Erhöhung der Geldumlaufgeschwindigkeit Verlust des Ersparten (Sparer und Gläubiger verlieren, Schuldner gewinnen)	Preisrückgang Extreme Sparneigung und dadurch Verringerung der Geldumlaufgeschwindigkeit Wertsteigerung des ersparten Bar- und Buchgeldes (Schuldner verlieren, Sparer und Gläubiger gewinnen)

gangspreis mehr als verdoppelt! Zum Vergleich: Bei einer durchschnittlichen Inflationsrate von 10 % hat sich der Ausgangspreis versiebzehneinhalbfacht!

Was ändert sich durch den Euro?

Sicher ist die Umstellung auf die neue Rechenart für uns alle gewöhnungsbedürftig – sowohl das Einkommen als auch alle Preise werden knapp halbiert. Gleiches gilt für die Gewöhnung an die neuen Münzen, Scheine und Bezeichnungen. Die Bürger der 12 Staaten, die an der Währungsunion teilnehmen, werden sich zu Anfang sicherlich vorkommen wie sonst nur während eines Auslandsaufenthaltes und permanent „zurückrechnen" in die alte Währung. Nun ist das bei uns angesichts des (ungefähren) Umrechnungsfaktors von 1 zu 2 (1 Euro = ungefähr 2 DM / genau sind es 1, 95583 DM) sicherlich leichter als z. B. für die Italiener (1 zu 2000!).
Das in einer Volkswirtschaft zirkulierende Geld kann aber immer nur der ideelle Wertausdruck für tatsächlich in der Gesellschaft vorhandene Sachwerte und Dienstleistungen sein. Letztlich entscheiden also nicht politische Setzungen über die **Stabilität einer Währung**, sondern die realen wirtschaftlichen Entwicklungen, und die sind bisher in Europa noch recht unterschiedlich. Vor diesem Hintergrund argumentieren diejenigen, die eine im Vergleich zur „harten" DM instabilere, „weiche" Währung mit hoher Inflationsgefahr befürchten. Die Gegner des Euro kritisieren vor allem:

- Die Währungsunion kam am 1.1.1999 zu früh. Das weitere Zusammenwachsen Europas durch die Einführung einer gemeinsamen Währung voranzutreiben, bedeute, das Pferd von Schwanze aufzuzäumen. Erst müssten die europäischen Staaten politisch, gesellschaftlich und kulturell weiter zusammenwachsen und dann könne man eine gemeinsame Währung einführen. Diese Vereinheitlichung der politischen Systeme und Leitbilder sei unverzichtbare Voraussetzung für eine harte Währung.
- Die so genannten **Konvergenzkriterien**, die strenge Maß-

stäbe sowohl an die Währungsstabilität als auch die Staatsverschuldung legen und deren Erfüllung Voraussetzung für die Aufnahme in die Währungsunion sind, gelten ausschließlich für diese „Einstiegsphase" in das gemeinsame Währungssystem, nicht aber für das weitere wirtschaftspolitische Verhalten der Mitgliedsstaaten.

In einem System von souveränen Nationalstaaten mit einer nationalen Währungspolitik, wie die EU es bisher war, können Unterschiede in der wirtschaftlichen Leistungsfähigkeit, der augenblicklichen konjunkturellen Situation sowie der Höhe der Arbeitslosigkeit durch eine Reihe von Maßnahmen des jeweiligen Nationalstaates zumindestens eingedämmt werden:

- Zinsunterschiede: Höhere Zinsen und Kapitalerträge im Ausland reizen Kapitalbesitzer und Sparer zur Geldanlage. Sie bieten eigenes Geld an und fragen Auslandsgeld nach. Der Wechselkurs des eigenen Geldes sinkt.
- Unterschiedlich hohe Steuersätze führen zu einem Transfer von Geld ins steuerbegünstigte Ausland.
- Jede Auf- und Abwertung der eigenen Währung gegenüber dem Ausland hat unvermeidliche Konsequenzen (Beispiele für Abwertung, für Aufwertung gilt jeweils das Gegenteil):
- Jede Abwertung verteuert die Importprodukte, hat daher eine ähnliche Wirkung wie Schutzzölle.
- Jede Abwertung macht gleichzeitig die eigenen Exportprodukte im Ausland billiger, stärkt also die eigene Industrie.

Mit Beginn der *Währungsunion* sind diese Mechanismen innerhalb der EU nicht mehr anwendbar, die Situation der Staaten ist seitdem direkt vergleichbar mit der der einzelnen Bundesländer innerhalb der BRD. In der Bundesrepublik wird das Problem der unterschiedlichen wirtschaftlichen Leistungsfähigkeit, der unterschiedlichen Konjunkturlage und Arbeitslosigkeit gelöst durch massive Ausgleichszahlungen im *Länderfinanzausgleich* – in den Verträgen von

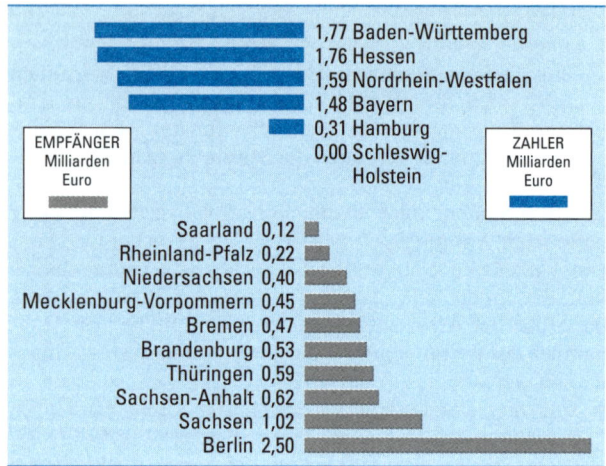

1,77 Baden-Württemberg
1,76 Hessen
1,59 Nordrhein-Westfalen
1,48 Bayern
0,31 Hamburg
0,00 Schleswig-Holstein

EMPFÄNGER
Milliarden
Euro

ZAHLER
Milliarden
Euro

Saarland 0,12
Rheinland-Pfalz 0,22
Niedersachsen 0,40
Mecklenburg-Vorpommern 0,45
Bremen 0,47
Brandenburg 0,53
Thüringen 0,59
Sachsen-Anhalt 0,62
Sachsen 1,02
Berlin 2,50

Länderfinanzausgleich, 2000

Maastricht und Amsterdam sind solche Zahlungen jedoch nicht vorgesehen.

Die Befürworter machen besonders zwei Argumente geltend:

- Die *Europäische Zentralbank* (EZB) ist exakt nach dem Vorbild der Deutschen Bundesbank (DBB) gestaltet worden (und hat nicht zufällig ihren Sitz in Frankfurt am Main). Sie ist ebenso wie die DBB gesetzlich dazu verpflichtet, die Stabilität der Währung allen anderen wirtschaftspolitischen Zielsetzungen voranzusetzen. Sie ist (wie die DBB) an Aufträge und Weisungen der Politiker nicht gebunden, d.h., die Gefahr von Politik als Inflationstreiber Nummer eins ist nicht gegeben.
- Die ungeheuren ökonomischen Potenzen, die in diesem vereinigten Wirtschaftsraum mit über 370 Mio. Bürgern stecken und die die EU zum größten Wirtschaftsraum – weit vor den USA und Japan – werden lassen, werden über kurz oder lang auch den Wohlstand und das Pro-Kopf-Einkommen aller EU-Bürger steigen lassen.

„Jetzt wird wieder in die Hände gespuckt,

wir steigern das Bruttoinlandsprodukt – oder?"

Vom zweifelhaften Nutzen immer währenden Wirtschaftwachstums

Wir haben uns daran gewöhnt, in Funk und Fernsehen, aber auch in der Tageszeitung jeden Tag über Börsenkurse, Aktienindizes, Wechselkurse usw. informiert zu werden – und auch der Begriff (Wirtschafts-)Wachstum findet sich oft unter den aktuellen Nachrichten. Prognostizierte Zahlen werden veröffentlicht und kommentiert, reale Daten mit ihnen verglichen. Es bleibt die Frage, wie man diese Zahlen gewinnt und welchen Aussagewert sie haben bzw. was sie nicht aussagen!

Das Bruttoinlandsprodukt und seine Problematik

Gemessen wird das viel beredete Wachstum über den Indikator (reales) Bruttosozialprodukt bzw. seit 1992 (reales) Bruttoinlandsprodukt in DM bzw. ab 2002 in € . Das BIP entspricht dem Wert aller Güter (Waren und Dienstleistungen) in Geldeinheiten, die von einer Volkswirtschaft (i. d. R. in einem Jahr) produziert werden:

- Waren aller Art vom Brot bis zum Ozeandampfer, gleichgültig, ob diese für den Konsum, Neuinvestitionen oder den Export bestimmt sind. Um Doppelzählungen zu vermeiden, werden Zwischenprodukte, deren Wert in das Endprodukt eingeht, nicht erfasst (z. B. Autoteile von Zulieferfirmen).

- Dienstleistungen vom Haarschnitt bis zur Operation, dazu gehören auch die öffentlichen Ausgaben z. B. für Bildung und öffentlich-rechtliches Fernsehen und insbesondere auch die Nutzung von Wohnraum.

Das reale BIP unterscheidet sich von dem nominalen dadurch, dass die Inflationsrate abgezogen wird. Da das BSP die von ausländischen Unternehmen im Inland erbrachten Leistungen vernachlässigte, wurde es 1992 durch das BIP ersetzt, das alle im Inland erbrachten Leistungen erfasst.

Da die Wachstumzahlen für jedes neue Jahr an der Wirtschaftsleistung des Vorjahres gemessen werden und diese Leistung jeweils als 100 % gerechnet wird, verbirgt sich hinter den prozentual ausgedrückten Wachstumzahlen ein exponentielles Wachstum, wenn man die Entwicklung der absoluten Zahlen betrachtet. Die Rechnungen auf den Seiten 61 f. zu inflationären Tendenzen lassen sich ohne Probleme auf das Wirtschaftswachstum übertragen und zeigt die Problematik des *exponentiellen Wachstums:* Selbst die Forderung nach angemessenen, geringen Wachstumsraten bedeutet – in den absoluten Zahlen von BIP/Währung etwa oder Produktionsoutput ausgedrückt – den Zwang zu im-

Löhne und Gewinne

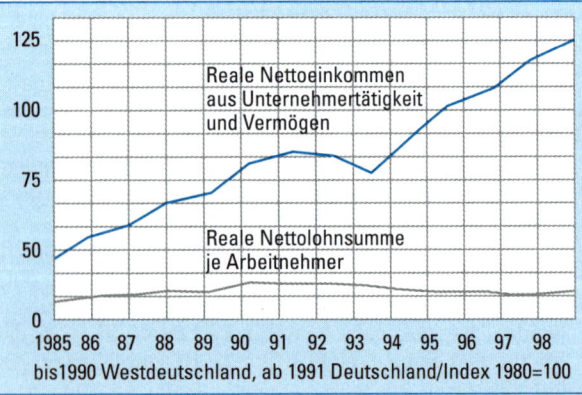

125

100

75

50

0

Reale Nettoeinkommen aus Unternehmertätigkeit und Vermögen

Reale Nettolohnsumme je Arbeitnehmer

1985 86 87 88 89 90 91 92 93 94 95 96 97 98

bis 1990 Westdeutschland, ab 1991 Deutschland/Index 1980=100

mer schnellerem und größerem Wirtschaftswachstum. Ein durchschnittliches Wirtschaftswachstum von (bescheidenen) 2,5 % würde nach einem Zeitraum von 20 Jahren die Verdoppelung des ursprünglichen BIP bedeuten!

Weder BSP noch BIP sagen irgendetwas über die tatsächliche Verteilung der Geld- und Güterströme aus, sind also kein Indikator für das Wohlstandsgefälle innerhalb einer Gesellschaft. Um dieses zu ermitteln, muss man zwischen Gewinnen aus selbstständiger Tätigkeit und dem Einkommen aus abhängiger Beschäftigung differenzieren.

Das Konzept des Ökosozialproduktes und der defensiven Kosten

Geht es uns durch dauerndes Wirtschaftswachstum wirklich besser? Im Allgemeinen wird angenommen, dass der Wohlstand steigt, wenn Güter- und Dienstleistungssektor florieren. Deshalb wird das Wachstumsdogma als Selbstverständlichkeit angesehen.

Das BIP trennt jedoch nicht zwischen konstruktiven und destruktiven Ausgaben. Zwischen dem Bau einer neuen Massenvernichtungswaffe, der Gestaltung eines Freizeitparks, der Ausstattung aller Schulen mit Computern oder der Beseitigung einer Küstenverschmutzung durch ein Tankerunglück kann dieses Rechenwerk keinen Unterschied machen. Ein Beispiel: Gerade hat sich in Österreich ein furchtbares Zugunglück in einem Tunnel ereignet, bei dem über 150 Menschen ums Leben gekommen sind. So makaber es klingt, aber diese Katastrophe steigert das österreichische BIP gleich auf mehrere Arten, denn „positiv" werden in der Berechnung für das laufende Jahr folgende Posten zu Buche schlagen:

- die Bergungs- und Rettungskosten,
- die Reparaturkosten an dem Tunnel, den Gleisen usw.,
- die Neubeschaffung der verbrannten Waggons,
- die Kosten für die humanitäre und psychologischen Betreuung der Überlebenden, Angehörigen, Helfer usw.,

- die Kosten für die mühsame Identifizierung der Opfer per DNS-Analyse,
- und sogar die Dienstleistungen der Beerdigungsunternehmer.

Das Konzept der defensiven Kosten

Gegen dieses unterschiedslose Rechnen wurde von ökologisch orientierten Fachleuten das Konzept der defensiven Kosten entwickelt: In der BIP-Rechnung werden Natur und Umwelt als gratis und belanglos deklariert. Der Verbrauch dagegen wird als Wachstum verbucht. Wenn also der durch Güterproduktion und Dienstleistungen entstandene Abfall dieselbe Umwelt wieder belastet, zählt auch dies zum Wachstum. Mit anderen Worten: Das ökonomische Wachstumsmodell begreift auch den wachstumsorientierten Abbau von Rohstoffen und die Zerstörung der natürlichen Umwelt als Fortschritt.

Grundlage einer ökologisch orientierten Volkswirtschaft muss dagegen ein System physischer Daten sein, das Auskunft gibt über

- den Zustand und die Veränderungen der Umwelt,
- Emissionen und Immissionen der wichtigsten Schadstoffe,
- den Ressourcenverbrauch an Rohstoffen und Energieträgern,
- den Flächenverbrauch und Veränderungen des Artenbestands.

Eine gesellschaftliche Öko-Kostenrechnung müsste folgende Kategorien in der BIP-Rechnung negativ verbuchen:

- Defensive, kompensatorische Kosten, d.h., alle Kosten zur Vermeidung und Verminderung von Umweltbelastungen sowie zur Beseitigung von Schäden und für Ausgleichsmaßnahmen,
- Produktions- und Einkommensverluste,
- Vermögensverluste,
- Naturverluste,
- Kosten für die Heilung umweltbedingter Krankheiten.

Schäden und Verschlechterungen der Lebens-, Umwelt- und Arbeitsbedingungen, die zuvor durch den industriellen Wachstumsprozess ausgelöst worden sind, müssen erfasst und vermindert oder beseitigt, neue Schäden vorbeugend vermieden werden. Die entstehenden (defensiven) Kosten dienen ausschließlich dazu, diejenigen Umwelt- und Lebensqualitäten wiederherzustellen bzw. zu verteidigen, die zuvor durch negative Folgewirkungen des Wirtschafts- und Gesellschaftsprozesses verloren gegangen oder beeinträchtigt worden sind. Diese müssten im BIP auch als solche identifiziert und negativ gerechnet werden – erst dann würden industrielle Produkte ihre tatsächlichen Kosten und das Maß der Umweltbelastung „verraten".

Im Verkaufspreis eines Autos sind nur die reinen Produktionskosten enthalten, alles Weitere wie die Umweltbelastung und die Kosten bei der Rohstofffförderung während der „Lebensspanne" des Autos und nicht zuletzt bei der Entsorgung werden nicht berücksichtigt. Die „Altautoverordnung" der EU vom Sommer 2000, die die Hersteller zwingt, ihre „schrottreifen" Produkte zurückzunehmen und auf eigene Kosten angemessen zu entsorgen, wurde von der Autoindustrie heftig bekämpft, weil sie die Autohersteller zwingt, die Entsorgungskosten auf den Verkaufspreis jedes neuen Fahrzeugs aufzuschlagen.

Was bei der Entsorgung von Altautos problemlos möglich ist – die Ermittlung der *Entsorgungskosten* –, ist in fast allen anderen ökologischen Problemfeldern schwierig bis unmöglich – die Umrechnung von Umweltschäden in Geldeinheiten nämlich. Was z. B. ist ein Singvogel „wert"? Die folgende „Rechnung" versucht eine Antwort.

Umweltschäden liegen nur zu einem kleinen Teil in monetärer Form vor. Sie müssen daher zunächst bewertet und materiell quantifiziert werden, um volkswirtschaftlich berechenbar zu sein. Als Lösung bietet sich an, die traditionellen Sozialproduktsrechnungen wie bisher fortzuführen und dazu ergänzend ein Rechenwerk für die Darstellung der ökono-

Materialwert eines Singvogels		Der Wert eines Vogels im ökologischen Zusammenhang (p.a.)	
Skelett (Phosphor, Kalzium, Fluor etc.)	0,7 €	Materialwert	0.031 €
Fleisch	1,8 €	Leistungen für:	€
Blut	0,1 €	Gemüt	30.00 €
Federkleid	0,3 €	Insektenvertilgung	60.00 €
Mineralstoffe	0,2 €	Pflanzung	20,00 €
	———	Warnrolle	100,00 €
	3,1 €	Symbiose	36,50 €
	═══	Bionik*	1,60 €
		Erholung	12,00 €
		Artenvielfalt	8,00 €
		Polit. Entscheidung	0,50 €
		Umweltentlastung	10,00 €
		Finanzierung	3,00 €
*Bionik, interdisziplinärer		Regeneration	1,50 €
Wissenschaftszweig		Gesamtstabilität	18,25 €
aus dem Bereich von			———
Biologie und Technik			301,88 €

„Wert" eines Singvogels

misch-ökologischen Zusammenhänge aufzubauen, das allerdings eng mit der traditionellen Rechnung verknüpft wird. Es bieten sich fünf Sachgebiete an:

- umweltbezogene ökonomische Aktivitäten: Dieser Bereich umfasst die aktuellen Kosten des Umweltschutzes im weiteren Sinne wie Luftreinhaltung, Abfallbeseitigung, Abwasserbehandlung usw.,
- Nutzung natürlicher Rohstoffe wie Sonnenenergie, Wasser, Luft u. Ä. Auch Aufwendungen für die Erforschung von Ersatztechnologien und besserer Ressourcenausnutzung könnten hier eingehen,
- Ausstoß und Verbleib von Rest- und Schadstoffen (Emissionen),
- qualitativer Zustand der Umwelt (Immissionslage),
- Nutzung der Umwelt als Standort: Ergänzung bisheriger sektoraler und regionaler Raumplanung durch ganzheitliche Zustandsbeschreibungen von Ökosystemen.

Schadenspositionen	Schadenskosten (in Mrd. € pro Jahr)
Luftverschmutzung (Gesundheits-, Wald- und Materialschäden, Schädigung der Freilandvegetation)	rund 24,54 Mrd. €
Gewässerverschmutzung (Flüsse und Seen, Nord- und Ostsee, Grundwasser)	weit über 9,0 Mrd. €
Bodenzerstörung (Tschernobyl und Altlastensanierung, Kosten der Biotop- und Arterhaltung, sonstige Bodenkontaminationen)	weit über 2,66 Mrd. €
Lärm (Wohnwertverluste, Produktivitätsverluste, „Lärmrenten")	über 16,72 Mrd. €
Summe der Schäden	weit über 52,92 Mrd. €

Modellrechnung für Deutschland, 1999

Der bekannte Satz „Wir haben die Erde nicht von unseren Vätern geerbt, sondern von unseren Kindern geliehen!" hat bis heute nichts von seiner Aktu-
alität verloren.

Das Konzept des nachhaltigen Wirtschaftens

Dieser Begriff stammt aus dem so genannten Brundtland-
Bericht der „World Commission on Environment and Devel-
opment" zur Vorbereitung der ersten Weltklimakonferenz
1992 in Rio de Janeiro. Er stellt die Idee einer „nachhaltigen"
oder „dauerhaften" Entwicklung in den Mittelpunkt seiner
Überlegungen und definiert „nachhaltig" als eine „Entwicklung, die die Bedürfnisse der Gegenwart befriedigt, ohne zu
riskieren, dass künftige Generationen ihre eigenen Bedürfnisse nicht befriedigen können".

Das Konzept der Nachhaltigkeit geht davon aus, dass Wirtschaftswachstum, Ressourcenverbrauch und Umweltbelastung entkoppelt werden können, indem innovative technische Lösungen mit dem Ziel der Ressourceneinsparung, die Entwicklung von Ersatzstoffen für nicht erneuerbare Rohstoffe und präventive Umweltschutzmaßnahmen gezielt entwickelt und gefördert werden.

Ökologische Merkmale von Unternehmen, die sich an diesem Konzept orientieren:

- Der Betrieb muss erkennen, dass er nur dauerhaft überleben kann, wenn es ihm gelingt, das eingesetzte Sach-, Arbeits- und Naturkapital nachhaltig zu nutzen. Nachhaltig in diesem Zusammenhang bedeutet, von den Erträgen zu leben und nicht von der Substanz.
- Das Naturkapital kann langfristig nur erhalten bleiben, wenn alle betrieblichen Entscheidungen immer wieder vor dem Hintergrund der folgenden Managementregeln für zukunftsfähiges Wirtschaften durchleuchtet werden:
  - Erneuerbare Ressourcen sind zunehmend zu nutzen. Dabei darf ihre *Abbaurate* die *Regenerationsrate* nicht überschreiten.
  - wie möglich einzustellen. Sie dürfen nur so weit verwendet werden, wie ein gleichwertiger Ersatz ebenfalls erneuerbarer Ressourcen geschaffen wird.
  - Eingriffe in die Umwelt müssen sich an der Belastbarkeit von Boden, Wasser und Luft orientieren.
  - Das Zeitmaß menschlicher Eingriffe in die Natur muss mit dem Zeitmaß der natürlichen Regenerationsprozesse übereinstimmen.
  - Zukunftsfähiges Wirtschaften erfordert die Gestaltung und Erhaltung einer für den Menschen lebenswerten Natur- und Kulturlandschaft.

„Ist das alles noch zu bezahlen?"

Das soziale Netz in der Bundesrepublik

Das Spannungsverhältnis von Sozialstaat und Rechtsstaat

Im Grundgesetz steht in Art. 20 ein kurzer, aber folgenschwerer Satz: „Die Bundesrepublik Deutschland ist ein demokratischer und sozialer Bundesstaat."
In diesen Formulierungen sind die zentralen „Staatsziele" festgelegt worden – und dieser Artikel ist (zusammen mit Art. 1) nicht mehr änderbar! Die Formulierung „sozial" wird in Art. 28 GG noch einmal aufgegriffen und auf die „verfassungsmäßige Ordnung in den Ländern" ausgedehnt. Ähnliche Formulierungen finden sich dann auch in den meisten Landesverfassungen.

Sozialstaatsprinzip und Rechtsstaat

Man bezeichnet die Formulierung in Art. 20 als *Sozialstaatsprinzip*. Es ist inhaltlich zunächst einmal unbestimmt; das Adjektiv „sozial" bedeutet zwar mit Sicherheit nicht „sozialistisch", aber dem Wortsinn nach eben „gesellschaftlich" oder „auf die Gemeinschaft bezogen"; und das kann ganz verschiedene Bedeutungen haben.
Das Sozialstaatsprinzip verpflichtet den Staat auf zwei allgemeine Ziele:

- *Sozialer Ausgleich:* Unterschiede zwischen sozial schwachen und sozial starken Personen oder Personengruppen soll der Staat nicht tatenlos hinnehmen, sondern möglichst verringern. Das Bundesverfassungsgericht spricht von der Pflicht des Staates, „für einen Ausgleich der sozialen

Gegensätze und damit für eine gerechte Sozialordnung zu sorgen".

- *Soziale Sicherheit:* Der Staat soll die Existenzgrundlagen seiner Bürger ganz allgemein sichern und möglichst auch fördern, also unabhängig von der Pflicht zum sozialen Ausgleich Daseinsvorsorge betreiben, beispielsweise durch geeignete Maßnahmen im Bildungs- und Gesundheitswesen, in anderen Bereichen der Sozial- und in der Wirtschaftspolitik.

Der Rechtsstaatsgedanke beruhte im 19. Jh. ursprünglich auf der Vorstellung einer sich selbst regulierenden, bürgerlichen Gesellschaft, in der der Staat grundsätzlich nicht in die Privatsphäre der Einzelnen eingreifen darf. Dagegen verdankt das Sozialstaatsprinzip seine Entstehung gerade der Tatsache, dass dieses abstrakte *Rechtsstaatsprinzip* offensichtlich nicht in der Lage war, die soziale Frage zu lösen. Das Prinzip des Rechtsstaats ging davon aus, dass sich der Einzelne in der Gesellschaft nur dann frei entfalten konnte, wenn er von staatlicher Einmischung weitgehend verschont blieb; das Prinzip des sozialen Staates enthält umgekehrt die Forderung nach weitgehenden staatlichen Eingriffen in die Gesellschaftsordnung, um den einzelnen Bürger schützen zu können. Der Sozialstaat sieht also als sein grundlegendstes Prinzip die *Fürsorge* für jeden einzelnen seiner Bürger!

Die Verwirklichung dieses Fürsorgegedankens allerdings erfolgt in der Bundesrepublik nach zwei sehr unterschiedlichen Grundsätzen: Dem Subsidiaritäts- und dem Solidaritätsprinzip.

- Subsidiarität (lateinisch: „Hilfe") bedeutet, dass grundsätzlich erst einmal *Selbsthilfe* „angesagt" ist. Erst dann, wenn diese nicht mehr möglich ist, wird die nächstübergeordnete Instanz aktiv. Die konkrete Ausformung dieses Grundgedankens bildet das System der Sozialversicherungen.
- Der Begriff Solidarität ist ganz sicher der bekanntere. Er meint im Grundsatz Hilfe ohne jede Gegenleistung für

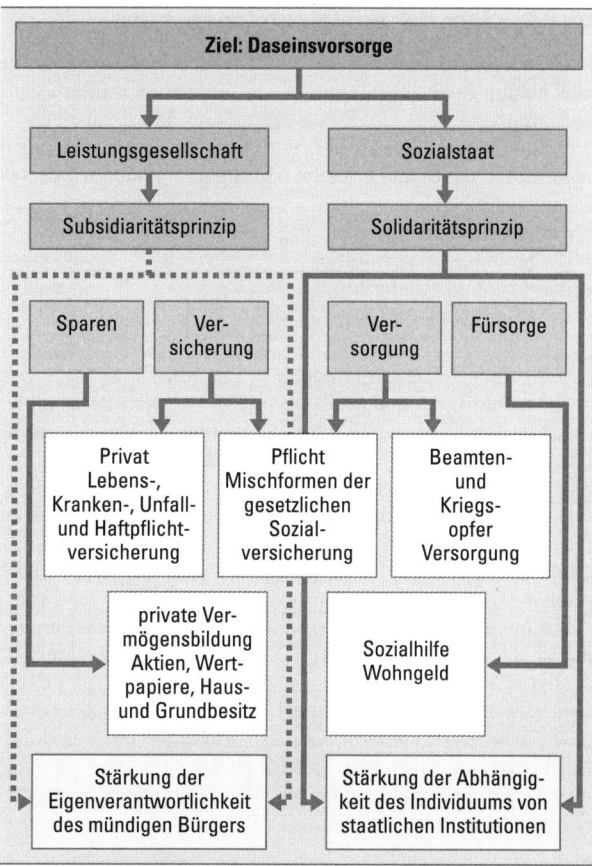

```
                    Ziel: Daseinsvorsorge

      Leistungsgesellschaft              Sozialstaat

       Subsidiaritätsprinzip          Solidaritätsprinzip

    Sparen    Ver-              Ver-        Fürsorge
              sicherung         sorgung

    Privat          Pflicht          Beamten-
    Lebens-,        Mischformen      und
    Kranken-,       der              Kriegs-
    Unfall-         gesetzlichen     opfer
    und Haft-       Sozial-          Versorgung
    pflicht-        versicherung
    versicherung

         private Ver-          Sozialhilfe
         mögensbildung         Wohngeld
         Aktien, Wert-
         papiere, Haus-
         und Grundbesitz

    Stärkung der            Stärkung der Abhängig-
    Eigenverantwortlichkeit keit des Individuums von
    des mündigen Bürgers    staatlichen Institutionen
```

Prinzipien der sozialen Sicherung

diejenigen, die dieser Unterstützung bedürfen. In reiner Form ist dies in der Bundesrepublik in Gestalt der *Sozialhilfe* verwirklicht. Mischformen bilden die Arbeitslosenhilfe und die staatlichen „Transferleistungen", da sie auf indirekten Vorleistungen fußen.

Das System der Sozialversicherungen

Die Sozialversicherungen sind *Pflichtversicherungen* für alle abhängig Beschäftigten bis zu einer bestimmten Einkommensgrenze. Lediglich Beamte sind davon ausgenommen, da sie nach dem Versorgungsprinzip (s.u.) vom Staat unterstützt werden. Die vier wichtigsten „Säulen" dieses Systems sind:

- die Arbeitslosenversicherung
- die Krankenversicherung
- die Rentenversicherung
- die Pflegeversicherung

Die Beiträge zu diesen Versicherungen werden zu 50 % von den Beschäftigten und zu 50 % vom Arbeitgeber bezahlt und machen den Löwenanteil der so genannten Lohnnebenkosten aus. Sie summieren sich auf rund 20 % der Lohnsumme, d.h., dass ein Unternehmer, der z. B. einen Tariflohn von 15,- € pro Stunde zahlt, für jede Arbeitsstunde zusätzlich 3,- € an die Sozialversicherung abführen muss.

Alle Versicherungspflichtigen zahlen ihre Beiträge in eine gemeinsame Kasse, aus der dann diejenigen, die der Unterstützung bedürfen, eine entsprechende Leistung erhalten. Jemand, der keine Vorleistung in Form von Beiträgen entrichtet hat, kann auch keinen Anspruch auf Leistungen erwerben. Bedürftigkeitsprüfungen finden nicht statt, d.h. z. B. dass ein arbeitslos gewordener Arbeitnehmer, der sich durch Vorleistungen Ansprüche erworben hat, für eine gewisse Zeit Arbeitslosengeld erhält, ohne dass seine Vermögensverhältnisse eine Rolle spielen.

Arbeitslosenversicherung

Das Arbeitslosengeld orientiert sich an der Höhe des zuletzt erzielten Arbeitsentgelts und an den persönlichen Verhältnissen des Versicherten. Vom Bruttogehalt werden Steuern, Sozialversicherungsbeiträge usw. abgezogen, sodass sich ein pauschaliertes *Nettoarbeitsentgelt* ergibt. Davon erhält beispielsweise ein Arbeitsloser mit einem Kind derzeit 67 % als Arbeitslosengeld. Die Dauer des Anspruchs auf Arbeitslosengeld hängt von den geleisteten Beschäftigungszeiten und dem Lebensalter des Arbeitslosen ab. Länger als ein Jahr Arbeitslosengeld gibt es erst ab dem 45. Lebensjahr. Die Altersgrenze für die maximale Unterstützungsdauer von 32 Monaten beträgt 57 Jahre.

Rentenversicherung

Eine Sonderstellung nimmt die Rentenversicherung mit dem *Generationenvertrag* ein. Die Generation der heute im Arbeitsprozess Stehenden zahlt die Rente für die heutigen Rentner, da diese ältere Generation die Renten für die vorhergehende Generation gezahlt hat und die heutigen Kinder die Rente für die jetzt Arbeitenden zahlen werden.

Als dieses Modell zu Beginn des 20. Jh.s entwickelt wurde, ahnte man noch nichts von der bedenklichen demografischen Entwicklung am Ende des Jahrhunderts. Der Anteil der Rentner nimmt seit Jahrzehnten im Vergleich zu der arbeitenden Bevölkerung zu, sodass immer weniger Arbeitnehmer immer mehr Rentner versorgen müssen. Dieses Problem wird künftig noch an Schärfe gewinnen, denn einerseits werden die Menschen immer älter, erhalten also länger Rente, andererseits werden immer weniger Kinder geboren. Betrug die durchschnittliche Lebenserwartung in Deutschland vor gut 100 Jahren nur 37 und vor 50 Jahren 66,5 Jahre, so sind es heute 75 Jahre.

Die Brisanz dieses Problems macht die folgende Grafik deutlich. Hier sind die Politiker zu baldigem Handeln verurteilt, denn ohne grundlegende Reform müssen entweder die Beitragssätze zur Rentenversicherung erheblich steigen oder die Renten deutlich geringer werden!

Die folgende Modellrechnung des Instituts der Deutschen Wirtschaft in Köln zeigt, dass ohne konstante *Migration* von (jungen) Ausländern nach Deutschland die Zahl der Erwerbspersonen (die in die Rentenkasse einzahlen) auf jeden Fall drastisch sinken wird! Selbst dann, wenn mehr Frauen

Bevölkerungsentwicklung in Deutschland

Alter in Jahren bis 20	20 bis 65	über 65	Gesamtbevölkerung
1950* 22,1	40,5	6,7	69,3 Mill.
1970* 24,5	42,8	10,8	78,1 Mill.
1999 17,6	51,4	13,1	82,1 Mill.
2010 15,1	48,7	16,3	80,1 Mill.
2020 13,2	46,4	17,0	76,6 Mill.
2030 11,9	40,1	19,6	71,6 Mill.
2040 10,5	34,7	20,6	65,8 Mill.
2050 9,2	31,4	18,5	59,1 Mill.

P R O G N O S E (2010–2050)

*bis 21 Jahre/21 bis 65   Alle Angaben in Millionen

Zahl der Rentenempfänger

Renten insgesamt (in Millionen)

13,69	14,11	14,62	15,15	15,62	16,03	16,40	16,76

Renten wegen verminderter Erwerbstätigkeit (in Millionen)

(1,85)	(1,87)	(1,88)	(1,86)	(1,92)	(1,93)	(1,94)	(1,89)
1993	1994	1995	1996	1997	1998	1999	2000

Bevölkerungsentwicklung in Deutschland

berufstätig werden und das Renteneintrittsalter bis zu 67 Jahren erhöht wird, wird sich die Zahl der Erwerbstätigen von heute rund 40 Mio. auf maximal gut 24 Mio. fast halbieren. Würde die Migration ganz gestoppt, dann hätten wir ab der Mitte des Jahrhunderts eine vollkommen überalterte Gesellschaft. (So viel zum Thema „Ausländer raus!")

„Stütze vom Staat" – die Fürsorgepflicht

Das Fürsorgeprinzip orientiert sich ausschließlich an der Bedürftigkeit, Vor- oder Gegenleistung müssen nicht erbracht werden. Im Unterschied zum Arbeitslosengeld und zur Arbeitslosenhilfe hat jeder in der Bundesrepublik lebende Mensch Anspruch auf Sozialhilfe, wenn er seine *Bedürftigkeit* nachweisen kann. Die Sozialhilfe wird aus Steuergeldern finanziert und belastet ausschließlich die Kommunen, denn die auszahlenden Sozialämter sind kommunale Behörden.

Die Höhe der Sozialhilfe richtet sich nicht nach einem früheren Arbeitseinkommen, sondern ausschließlich nach dem Existenzminimum. Dieses ist die Summe, die vom Statistischen Bundesamt in Wiesbaden jedes Jahr neu errechnet wird, indem die Preise eines so genannten Warenkorbs ermittelt werden. Dieser enthält alle diejenigen Güter, die ein Mensch benötigt, um ein menschenwürdiges Leben zu führen und seine Grundbedürfnisse zu befriedigen.

Die Zahl der Sozialhilfeempfänger ist in der Bundesrepublik in den letzten zwei Jahrzehnten stark gestiegen, was auch in den gesamten Sozialausgaben sehr deutlich seinen Niederschlag findet.

**Anzahl der Sozial-
hilfeempfänger
1963 bis 1968**

	Alte Länder		Neue Länder	
	Absolute Zahl	Anteil an der Bevölkerung in %	Absolute Zahl	Anteil an der Bevölkerung in %
1963	560 000	1,1	–	–
1969	510 000	0,8	–	–
1973	676 000	1,1	–	–
1978	908 000	1,5	–	–
1983	1 140 877	1,9	–	–
1987	1 549 942	2,5	–	–
1991	1 818 739	2,8	217 348	1,4
1995	2 240 945	3,4	274 748	1,8
1998	2 490 000	3,7	418 000	3,0

	Versicherungs-prinzip	Versorgungs-prinzip	Fürsorge-prinzip
Sicherungs-voraus-setzung	Mitgliedschaft in Versicherung	speziell eingeräumter Rechtsanspruch	individuelle Notlage
Leistungs-anspruch	bei Eintritt Versicherungsfall	bei Vorliegen gesetzlich bestimmter Merkmale	bei Bedürftig-keit
Gegen-leistung	ja, Versicherungs-beiträge	ja, nichtfinanzielle Sonderopfer (-leistungen) für Gemeinschaft	nein
Bedürftig-keits-prüfung	nein	nein	ja
Wichtige Sicherungs-zweige nach dem überwie-genden Grund-prinzip	Sozial-versicherung • gesetzliche Rentenver-sicherung • gesetzliche Kranken-versicherung • gesetzliche Unfall-versicherung • Arbeitslosen-versicherung (Arbeitslosen-geld) • Pflege-versicherung	• Kriegsopfer-versorgung • soziale Entschädigung bei Impfschäden • Beamten-versorgung • Kindergeld (ohne Ein-kommens-grenzen)	• Sozialhilfe • Jugendhilfe • Resoziali-sierung • Wohngeld • Kindergeld (bei Ein-kommens-grenzen)

Überblick über die Grundprin-zipien der sozialen Sicherung

Grundsätze des Versorgungsprinzips

Auch das Versorgungsprinzip kennt keine „direkten" Vor- oder Gegenleistungen, aber der Tenor liegt hier auf dem Begriff „direkt". Wer sich z. B. entschließt, Kinder zu bekommen, tut dies sicher nicht aus Motiven, die den Einzahlungen in die Kassen der Sozialversicherungen gleichkommen, erbringt also keine Vorleistungen im engeren Sinne. Dennoch hat die freiwillige Bereitschaft, Kinder in die Welt zu setzen, diese zu erziehen und nicht zuletzt auch materiell zu versorgen, erhebliche Bedeutung für die Gesellschaft, und dies nicht nur in Bezug auf die Rentenversicherung. Sie beinhaltet also eine Art „indirekte" Vorleistung. Daher bekommen alle in Deutschland lebenden Eltern vom Staat Kindergeld, eine so genannte Transferzahlung. Diese Zahlungen machen einen guten Teil der nach dem Versorgungsprinzip ausgezahlten Summen aus, daneben tritt als größter Posten die Beamtenversorgung, d.h. die staatlich garantierte Pension und die so genannte Beihilfe (anteilige Übernahme von Krankheitskosten durch den Staat).

Arbeitslosenhilfe

Eine Sonderstellung zwischen Versicherungs- und Versorgungsprinzip nimmt die Arbeitslosenhilfe ein. Sie ist eine fürsorgeähnliche Versicherungsleistung, die nach dem Gesetz nur derjenige Arbeitslose erhält, der vorher Arbeitslosengeld bezogen hat. Im Unterschied zum Arbeitslosengeld wird die Arbeitslosenhilfe zeitlich nicht begrenzt, die Zahlung aber an eine Bedürftigkeitsprüfung gebunden. Als bedürftig gelten Arbeitslose, wenn sie ihren Lebensunterhalt und den ihrer Angehörigen nur mit Hilfe der Arbeitslosenhilfe bestreiten können, weil sie oder auch ihre Ehepartner, Kinder oder Eltern sonst kein Einkommen oder Vermögen haben. Die Arbeitslosenhilfe, die aus Bundesmitteln finanziert wird, beträgt beispielsweise bei Arbeitslosen mit mindestens einem Kind 57 % des früheren um die Abzüge verminderten Lohns.

„Das Benzin ist schon wieder teurer geworden!

Durch Steuern steuern

Die Grundsätze des Besteuerungssystems

Seit sich in der Geschichte der Menschheit die ersten Staaten herausgebildet haben, müssen die Untertanen oder Bürger Abgaben an den Staat leisten – das war zu Zeiten der ägyptischen Pharaonen nicht anders als heute. Ebenso alt wie das Steuersystem sind die Klagen der Menschen über die Höhe dieser Steuerlast und die Ungerechtigkeit ihrer Verteilung!

Warum müssen Steuern eigentlich sein?

Ganz einfach: Der Staat übernimmt für seine Bürger alle die Aufgaben, die die Einzelnen jeder für sich nicht leisten können oder wollen – vom Ausbau der handelsnotwendigen Infrastruktur über die allgemeinen Verwaltung und die funktionierende Ordnungsmacht hin bis zur Landesverteidigung gegen andere Staaten. Der Staat braucht die Steuereinnahmen zur Deckung der Kosten, die ihm bei diesen Aufgaben entstehen.

Diese Staatsaufgaben sind im Laufe der Geschichte immer vielfältiger und umfangreicher geworden. Während sich z. B. früher Handelswege zumindest teilweise „von selbst" entwickelten („Wege entstehen beim Gehen"), kann das von heutigen Autobahnen und Bahntrassen beim besten Willen nicht mehr gesagt werden. Und wer könnte und wollte (und dürfte!) sich heute noch einen Privatlehrer leisten?

Seit Ende des 19. Jh.s entwickelt sich eine neue, sozialpolitische Zielsetzung neben dem Prinzip der Kostendeckung:

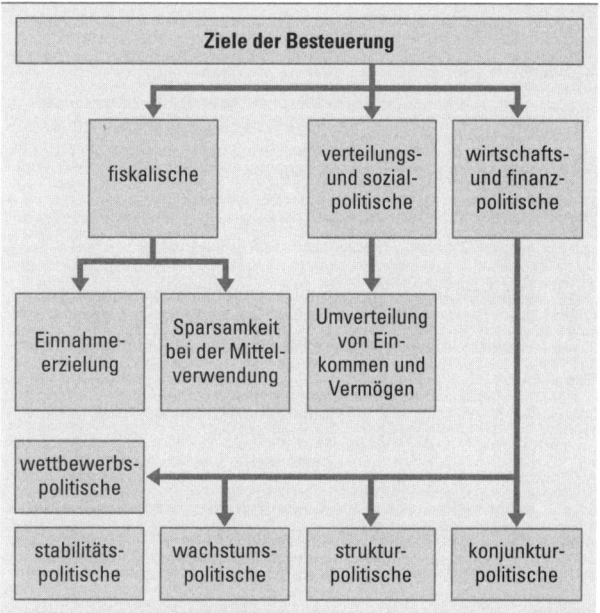

Ziele der Besteuerung

- **fiskalische**
  - Einnahme-erzielung
  - Sparsamkeit bei der Mittel-verwendung
- **verteilungs- und sozial-politische**
  - Umverteilung von Ein-kommen und Vermögen
- **wirtschafts- und finanz-politische**

- wettbewerbs-politische
- stabilitäts-politische
- wachstums-politische
- struktur-politische
- konjunktur-politische

Ziele der Besteuerung

Einkommen und Vermögen sollen sozial umverteilt werden, wie dies im Prinzip der Besteuerung nach Leistungsfähigkeit heute seinen Ausdruck findet. Im strengen Sinne „politisch" werden die Besteuerungsgrundsätze erst von diesem Zeitpunkt an, da im Prinzip der reinen Kostendeckung keine Umverteilungsabsicht zum Ausdruck kommt.

In Deutschland kommt spätestens mit der Verabschiedung des „Stabilitäts- und Wachstumsgesetzes" von 1967 eine weitere, völlig andere Aufgabe hinzu: Die Lenkung und mögliche Stabilisierung der Konjunktur.

Unser heutiges ebenso ausgeklügeltes wie unübersichtliches Steuersystem lässt sich zunächst einmal groß in verschiedene Kategorien unterteilen, wie die Übersicht zeigt (s. S. 84).

Steuerarten		
	Zugriffsbereich	• Substanzsteuern z.B. Grundsteuer • Ertrag-(Gewinn-)steuern z.B. Einkommensteuer • Verbrauchsteuern z.B. Tabaksteuer • Verkehrsteuern z.B. Umsatzsteuer • Zölle

	Erhebungsart	• direkte Steuern z.B. Lohn-
		  /Einkommensteuer
		• indirekte Steuern
		  z.B. Mineralölsteuer

	Gegenstand
	der
	Besteuerung
		• Subjektsteuern (Personensteuern)
		  Erträge von Personen werden
		  besteuert, z.B. über die Einkommen-
		  steuer
		
		• Objekt-(Real)steuern
		  Erträge von Objekten werden
		  besteuert, z.B. durch die Grundsteuer

	Ertrags-/ Verwaltungshoheit	• Bundessteuern z.B. Mineralölsteuer • Landessteuern z.B. Vermögensteuer • Gemeindesteuern z.B. Grundsteuer • Gemeinschaftssteuern z.B. Lohn/Einkommensteuer • Kirchensteuer

**Übersicht der
Steuerarten**

Direkte und indirekte Steuern

Für den Bürger ist direkt und indirekt das wichtigste Unterscheidungsmerkmal:

- Direkte Steuern: alle Einkommen-, Vermögens- und Ertragssteuern, also alle Besitzsteuern. Die direkte Steuer erfasst das Einkommen bei seiner Entstehung; sie orientiert sich an der persönlichen oder sachlichen Leistungsfähigkeit. Andere direkte Steuern sind z. B. die KFZ-Steuer, die Grundsteuer oder der Solidaritätszuschlag. Der Steuerbescheid weist die Summen exakt aus.

- Indirekte Steuern: die Verkehrs- und Verbrauchssteuern. Hier knüpft die Steuer an die Verwendung des Einkommens an. Die steuerzahlenden Unternehmen tragen die Steuerlast nicht selbst, sondern wälzen sie über den Preis auf die Endverbraucher ab.

Die wichtigste direkte Steuer ist die **Lohn-** und **Einkommenssteuer**, die wichtigste indirekte die Umsatz- oder Mehrwertsteuer.

Für Bund, Länder und Gemeinden ist der wichtigste Gesichtspunkt natürlich der, wer jeweils die Steuergelder bekommt – und hier geraten die Gemeinden seit geraumer Zeit ins Hintertreffen: Einerseits stehen ihnen aus dem großen Steuersäckel in erster Linie nur die so genannten **Bagatellsteuern** (wie z. B. die Hundesteuer) zu, andererseits muss aus den kommunalen Kassen zu 100 % eine Zahlung geleistet werden, die in den letzten 15 Jahren explosionsartig zugenommen hat – die Sozialhilfe (vgl. S. 79). Das lässt sich auch zahlenmäßig belegen: Während die Gemeinden vor 30 Jahren rund 6,5 % des gesamten Sozialbudgets der Bundesrepublik finanzierten, sind es heute etwa 10 %.

Ziele der Steuerpolitik

Hinsichtlich der sozialen Gerechtigkeit im Steuersystem gilt das allgemein anerkannte Prinzip: Jeder sollte nach seiner relativen Belastbarkeit Abgaben leisten, Reiche also mehr zahlen als Arme. Dies wird in der Bundesrepublik hauptsächlich durch das Prinzip der **Steuerprogression** bei der Lohn- und Einkommensteuer verwirklicht: Mit steigendem Einkommen wächst der prozentuale Anteil der Steuer. Wie die Progression der Steuersätze im Einzelnen ausfällt, ist Ergebnis von Interessenpolitik und steht im Mittelpunkt jeder großen Steuerreform. Dabei geht es stets auch um die Frage, bis zu welchem Einkommen keine Steuern gezahlt werden sollen. Neben der Festlegung eines derartigen Existenzminimums sind der Progressionsverlauf und der Höchststeuersatz von großem Interesse. Aus der gültigen Tabelle lässt sich die z. Zt. aktuelle Steuerprogression in DM entnehmen. Alle Bürger, die bis zu 13 499 DM im Jahr verdienen, zahlen keine Lohnsteuer, jemand, der z. B. um 50 000 DM jährlich verdient, zahlt gut 10 000 DM (also etwa 20 %), Spitzenverdiener mit sechsstelligem Jahreseinkommen 30 % und mehr.

Die Steuerpolitik verfolgt grundsätzlich zwei Ziele, bei denen ein direkter Zielkonflikt besteht:

- Stärkung der Unternehmensgewinne durch Steuerentlastung als Mittelpunkt der Wachstumspolitik. Zusätzlich soll individuelle Leistungsbereitschaft durch eine Minderung der Steuerlast belohnt werden.
- Die Entlastung der unteren Einkommensgruppen und die Sicherung staatlicher Beschäftigungsprogramme durch ein ausreichendes Steueraufkommen. Beschäftigung soll durch wachsende private und öffentliche Nachfrage gesichert werden.

Zum ersten Gesichtspunkt

Steuern sind für die Unternehmen natürlich unangenehme Kosten, die die eigenen Gewinnerwartungen (die Kapitalrentabilität – vgl. das ökonomische Prinzip auf S. 21 f.) schmälern. Wenn der Unternehmer für seinen erzielten Gewinn kräftig Steuern zahlen muss, hat er eben im Endeffekt weniger als bei geringen Steuerlasten. Von einer gewissen Steuerhöhe an fragt er sich, ob Investieren und Produzieren überhaupt noch lohnt, oder ob er sein Kapital in anderen Branchen oder Ländern besser anlegen kann. Dies gilt aber natürlich nicht für alle Steuerarten in gleicher Art. Eine Erhöhung der reinen Verbrauchssteuern wie der Mehrwertsteuer lässt den Unternehmer relativ kalt, da er wie alle anderen die höhere Steuer auf die Endpreise „abwälzen" wird. Auf rein unternehmensbezogene Steuern wie Ertrags-, Gewinn- oder Lohnsummensteuern dagegen werden Unternehmer höchst empfindlich reagieren, denn diese Steuern treffen fast ausschließlich sie, während die „normalen" Konsumenten wenig davon merken – es sei denn, die Unternehmen gleichen die höheren Kosten durch Preiserhöhungen aus.

Zum zweiten Gesichtspunkt

Von Seiten der Industrie und der Unternehmerverbände hört man immer wieder die Forderung, gezielt die Unternehmerseite steuerlich zu entlasten und die dem Staat dadurch entgehenden Einkünfte durch Erhöhung der Verbrauchssteuern auszugleichen. Dies ist aus der Perspektive der Kapitalrentabilität sicherlich sinnvoll, aus der Sicht eines Volkswirtes, der auch die gesamte Nachfrage, die Kaufkraft innerhalb der Bevölkerung im Auge hat, sicherlich nicht. Jede weitere Erhöhung der Mehrwertsteuer z. B. spült Geld in die Staatskassen (oder kann Verluste auf der Seite der Unternehmensbesteuerung ausgleichen), aber zu gleicher Zeit wird das real verfügbare Nettoeinkommen der Konsumenten geringer. Schlicht gesagt: Auch wenn alle Bundesbürger nach einer Erhöhung der Mehrwertsteuer gleich viel verdienen wie vorher, können sie für ihr Geld weniger kaufen: Die Produkte sind teurer geworden durch den höheren Steueranteil. Verlangt ist vom Fiskus also letztlich die Quadratur des Kreises, denn die Erhöhung der Unternehmensbesteuerung ist von der Angebotsseite her ebenso Gift für die Konjunktur wie die Erhöhung der Verbrauchersteuern von der Seite der gesamtgesellschaftlichen Nachfrage.

Dilemma der Steuerpolitik

Gezielte Entlastung der Unternehmer	Gezielte Entlastung der Verbraucher
Vorteil: Kapitalrentabilität wächst, Unternehmer sind eher bereit, zu investieren und zu produzieren	Vorteil: Massenkaufkraft wächst, Konsumenten fragen die angebotenen Produkte nach
Nachteil: Entgangene Steuerzahlungen müssen durch Neuverschuldung oder einseitige Belastung der Verbraucher ausgeglichen werden	Nachteil: Entgangene Steuerzahlungen müssen durch Neuverschuldung oder einseitige Belastung der Unternehmer ausgeglichen werden

Grundsätze einer ökologischen Steuerreform

Die zentralen Ansatzpunkte einer ökologisch orientierten Steuerpolitik lassen sich wie folgt zusammenfassen:

- Allmähliche Verteuerung von Energie bei insgesamt gleich bleibender Steuergesamtbelastung für den Einzelnen,
- gezielte steuerliche Entlastung von Umwelt- und ressourcenschonenden Produktions- und Dienstleistungsbranchen bzw. Betrieben,
- höhere Kosten für einzelne Bereiche, insbes. für den (Individual-)Verkehr.

Das Ziel der Steuerreform soll ein *ökologischer Strukturwandel* mit etwa den folgenden Konturen sein:

- Die Industrie forciert die Wiederverwertung von Ressourcen und die Einsparung von Energie. Viele heute billige Wegwerf- und Einwegprodukte würden dann verteuert und von den Märkten verschwinden. Gleichzeitig würde ein rasch expandierender Markt von Energiespar- und Umwelttechniken entstehen.

Die Ökosteuer in Deutschland

	1995	2000	2005
Steueraufschlag je Gigajoule	0,32 €	2,31 €	5,08 €
• Normalbenzin je Liter	1,2 Cent	8,64 Cent	19,22 Cent
• Strom je Kilowattstunde	0,35 Cent	2,56 Cent	5,62 Cent
• Heizöl und Diesel je Liter	1,32 Cent	9,51 Cent	21,17 Cent
Steueraufkommen	4,4 Mrd. €	29,65 Mrd. €	61,87 Mrd. €
Ökobonus an Haushalte pro Kopf und Jahr	15,34 €	102,6 €	204,52 €
Rentenversicherungsbeiträge der Arbeitgeber (1993: 57,26 Mrd. €)	− 5 %	− 37 %	− 77 %

	2000	2005
Energieverbrauch insgesamt (Basisjahr 1987: 15297 Petajoule)	− 15,6 %	− 20,6 %
• Effekt der Ökosteuer	− 5,3 %	− 10,4 %
CO_2-Emission insgesamt (Basisjahr 1987: 1058 Mio t)	− 15,4 %	− 21,3 %
• Effekt der Ökosteuer	− 5,3 %	− 10,3 %
Beschäftigung[1]	+ 300000	+ 610000
Preisniveau[1]	+ 0,6 %	+1,5 %
Inländische Produktion[1]	+ 0,1 %	-0,2 %
Abnahme der Staatsschulden[1]	3,12 Mrd. €	7,31 Mrd. €
[1]gegenüber Szenario ohne Öko-Steuerreform		

■ In der Landwirtschaft würden die Preisvorteile der Massenproduktion schwinden, die naturnah-biologische Produktionsweise würde sich im Vergleich zu heute verbilligen.

... und was die Ökosteuer bewirkt.

■ Alle Produkte würden ihre „wahren Preise" einschließlich ihrer Umweltbelastung (z. B. Kosten für Entsorgung oder Recycling) korrekt wiedergeben und das Verbraucherverhalten entsprechend steuern.

„Jede Sekunde verschulden wir uns um zusätzliche 700 €.

Das kann doch nicht so weitergehen!"

**Warum sich ein Staat
verschulden muss**

Im Prinzip ist es für Otto Normalverbraucher kaum zu glauben, leider aber dennoch wahr – während der halben Minute, die Sie brauchen, um diese Zeilen zu lesen, hat sich die Bundesrepublik mit zusätzlichen 21 500 € verschuldet! Das ist der Preis eines komfortablen Mittelklassewagens, für den ein durchschnittlicher Arbeitnehmer einige Jahre lang sparen muss. Und dabei ist die Summe der jährlichen neu aufgenommenen Bundesschulden durchaus rückläufig! Mitte der 90er-Jahre, als jährlich 30 Mrd. € und mehr neue Schulden gemacht wurden, wäre das Rechenbeispiel mit über 1000 € pro Sekunde noch erheblich beängstigender ausgefallen.

**Staatsverschuldung
der Bundesrepublik**

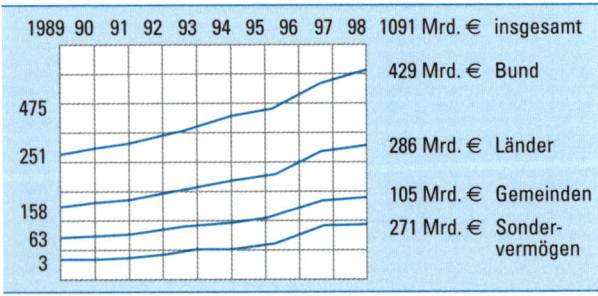

Die Gesamtschulden des Staates belaufen sich zu Beginn des dritten Millenniums auf etwa 1,2 Billionen € (1200 Milliarden – in Zahlen 12 000 000 000 000 €) –, da sind selbst die gut 50 UMTS-Milliarden, die der Staat relativ unverhofft eingestrichen hat, nur der berühmte Tropfen auf den heißen Stein.

Damit hat die ***Staatsverschuldung*** fast die gesamte ***Privatverschuldung*** aller Bundesbürger (1,58 Billionen €) erreicht.

Sinnvolle Staatsverschuldung?

Unter Wirtschaftswissenschaftlern ist heutzutage allgemein anerkannt, dass es grundsätzlich sinnvoll ist, wenn sich ein Staat verschuldet. Allerdings nur unter folgenden Voraussetzungen:

- Während ein normaler Arbeitnehmerhaushalt die monatlichen Einkünfte im Voraus genau berechnen und entsprechend wirtschaften kann, unterliegen die Staatseinnahmen vor allem ***Steuerschwankungen***. Sie werden daher von speziellen Fachgremien beobachtet und für die Zukunft geschätzt (Steuerschätzung). Da die zeitliche Verteilung der Staatseinnahmen sich nicht mit der zeitlichen Verteilung der Ausgaben decken wird, sind sehr kurzfristige so genannte Kassenverstärkungskredite zur Sicherung der Zahlungsfähigkeit des Staates unumgänglich. Diese sind zum großen Teil vorhersehbar und unproblematisch, ähnlich wie kurzfristige Kredite und Ratenzahlungsverträge auch bei Privathaushalten üblich sind.
- Eine ausgleichende Kreditaufnahme kann auch deshalb erforderlich werden, weil notwendige Großaufträge ein Volumen erreichen können, dem die augenblickliche Finanzlage nicht entsprechen kann, so wie ja auch der private Verbraucher sein Eigenheim nicht gerade bar „aus der Portokasse" bezahlt.

Diese Formen der Verschuldung, die im Wesentlichen der momentanen ungünstigen Wirtschaftsentwicklung oder

Großprojekten geschuldet sind, sollten mittelfristig im nächsten Konjunkturaufschwung abgebaut werden.

Problematisch wird es aber bei der so genannten strukturellen Verschuldung. Diese entsteht dann, wenn längerfristig die Struktur des Staatshaushalts zu Ausgaben führt, die nicht durch entsprechende Staatseinnahmen gedeckt werden können. Solange ein strukturelles Defizit nicht verringert werden kann, muss es durch ständige Neuverschuldung, die den Schuldenstand erhöht, finanziert werden. Dies ist in der Bundesrepublik seit Anfang der 70er-Jahre der Fall!

Entwicklung und Grenzen der Staatsverschuldung

In den 50er- und 60er-Jahren herrschte die klassisch konservative Vorstellung, die **Staatsquote** (der Prozentsatz, mit dem der Staat an allen finanziellen Transaktionen beteiligt ist) gering zu halten und sich nicht zu verschulden. Die Gesamtschulden von Bund, Ländern und Gemeinden stiegen von 1950 bis 1970 von 10,53 auf 64,37 Mrd. € . Noch wichtiger als diese absoluten Zahlen ist der Prozentsatz der Verschuldung in Relation zum gesamten Bruttosozialprodukt: Demnach sanken die Staatsschulden sogar von 21 % des BSP 1950 auf 18,5 % 1970.

Erst mit der sozialliberalen Koalition, die Ende 1969 an die Macht kam, wurde die jährliche Neuverschuldung zu einem „normalen" Instrument der Haushaltskonsolidierung. Im Zeitraum von 1970 bis 1980 stieg die Gesamtverschuldung auf das Vierfache. In den 70er-Jahren wurden jährlich so viele neue Schulden gemacht wie im gesamten Jahrzehnt 1950-60. Im Krisenjahr 1975 stieg die **Nettokreditaufnahme** auf knapp 33 Mrd. € . Auch in den 80er-Jahren wuchsen   trotz des Regierungswechsels 1982 (CDU/CSU und FDP)   die Staatsschulden weiter an, allerdings wesentlich langsamer als in den 70ern. Die Neuverschuldung erreichte 1989 mit 9,8 Mrd. € einen Tiefstand.

Die Sparpolitik hatte damit in den ersten sieben Jahren der

CDU/FDP-Koalition zwar nicht das Hauptziel – Abbau der Schulden – erreicht, aber das Tempo der Neuverschuldung ganz erheblich gedrosselt. Diese Entwicklung ist umso bemerkenswerter, als sie von einer Verringerung der Staatsquote sowie der Steuer- und Abgabenlast begleitet wurde.

Unmittelbar vor der Wiedervereinigung war also das Problem der wachsenden Staatsverschuldung zwar nicht beseitigt, aber doch erheblich entschärft worden. Die Gesamtverschuldung der (alten) Bundesrepublik lag Anfang 1990 bei einer halben Billion €.

Die immensen Kosten der Wiedervereinigung haben diesen Trend ab 1990 gestoppt und in das Gegenteil umgekehrt (vgl. Grafik S. 95). Auch wenn man einrechnen muss, dass es sich hier um nominale Zahlen (vgl. S. 29) handelt und sowohl das Bruttoinlandsprodukt als auch der Haushalt des Bundes durch die Wiedervereinigung gewachsen sind, ist der Schuldenberg in den 90er-Jahren beängstigend angewachsen und die seit 1998 im Amt befindliche rot-grüne Bundesregierung tut gut daran, dem Sparkurs ihres Finanzministers zu folgen.

Die Gesamtverschuldung lag Ende 2000 bei rund 1200 Mrd. €, im Jahr 2001 verschuldet sich der Staat insgesamt mit rund 22,5 Mrd. € an zusätzlichen Neukrediten!

Im Bundeshaushalt für 2001, den das Parlament im November 1999 angenommen hat, taucht der Posten Bundesschuld mit gut 44 Mrd. € auf. Das bedeutet, dass den Zins- und Tilgungszahlungen für die schon bestehenden Schulden ein in etwa gleich großer Betrag an Krediten gegenübersteht, die neu aufgenommen werden – dies heißt im Fachjargon *Nettokreditaufnahme*. Man kann es auch wesentlich einfacher formulieren: Fällig werdende Zins- und Tilgungszahlungen werden durch Aufnahme neuer Schulden finanziert! Das erinnert an die Schildbürger, die sich vor der Hitze des Feuers dadurch schützen wollten, dass sie Wände von Briketts um das Feuer aufschichteten!

Die Bundesschuld macht nach den Sozialausgaben in 2001 (87 Mrd. €) mit weitem Abstand den zweitgrößten Posten

aus und ist fast doppelt so hoch wie z. B. der Verteidigungs-
etat (23,5 Mrd. €), der in den gesamten 60er- und 70er-Jah-
ren der deutliche Spitzenreiter auf der Ausgabenseite des
Bundeshaushalts war.

Im internationalen Vergleich steht die Bundesrepublik allerdings gut da, in fast allen anderen Industrieländern ist die
Verschuldung – gemessen am jährlichen Bruttoinlandsprodukt – z.T. erheblich größer (Ausnahme: Japan und Luxemburg).

Nach Art 115 GG darf die Nettokreditaufnahme (die jährliche Neuverschuldung) die Summe der öffentlichen Investitionen nicht überschreiten. Diese Regelung hat aber Lücken
und Probleme, denn sie bezieht sich nur auf neue Schulden,
nicht aber auf die Gesamtschuld, berührt also nur das Tempo, nicht die Höhe der Staatsverschuldung.

Auch die so genannten *Konvergenzkriterien*, die sich die
Länder der EU als Messlatte für den Beitritt zur Währungsunion selbst auferlegt haben, hatten nur eine bedingte Ein-
flussnahme auf die Staatsverschuldung in Deutschland,
denn sie galten eben nur für den Augenblick des Zustande-
kommens der Währungsunion am 1.1.1999. (Im Übrigen er-
füllte lediglich Luxemburg alle Kriterien.) Die Konvergenzkriterien in Bezug auf die Staatsverschuldung lauteten:

- Die jährliche Neuschuldung von Bund, Ländern und Gemeinden darf höchsten 3 % des jährlichen Haushaltsvolu-
  mens betragen,
- und die gesamte Staatsverschuldung höchstens 60 % des
  BIP.

Die gegenwärtige Staatsverschuldung und ih-re Auswirkungen auf die Zukunft

Die folgende Tabelle zeigt, wie viel Milliarden der Bund jedes Jahr für die reinen Zinszahlungen aufbringen muss. In
diesen Zahlungen ist kein Pfennig Tilgung (also Schulden-
abtrag) enthalten.

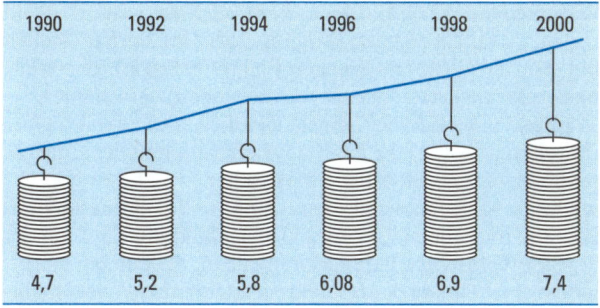

1990	1992	1994	1996	1998	2000
4,7	5,2	5,8	6,08	6,9	7,4

Die Zinslast des Bundes

Diesen rund 7,4 Mrd. € aus Steuermitteln, die der Staat vom Jahr 2000 an (mit steigender Tendenz) für reine Zinsen aufbringen muss, stehen keine neu geschaffenen Werte (Produkte oder Dienstleistungen) gegenüber, da diese ja schon zu einer früheren Zeit, als die Schulden gemacht worden sind, entstanden. Dies ist genau zu vergleichen mit der Situation eines Privathaushaltes: Wer zu einem bestimmten Zeitpunkt einen Kredit aufnimmt, um sich etwas Bestimmtes zu leisten, zahlt später, wenn das erwünschte Produkt oder die Dienstleistung längst konsumiert worden ist, für diese Anschaffung die Zinsen ab – und wenn er es nicht schafft, zusätzlich zu den Zinsen die Schuld nach und nach zu tilgen, zahlt er diese Zinsen im Prinzip unendlich lange. Und die ungünstigste Situation, in die ein privater Haushalt geraten kann, ist die, die anfallenden Zinsen mit neu aufgenommenen Krediten zu zahlen.

Mit anderen Worten: Wenn der Staat sich zukünftig weiter verschuldet, die jährliche Aufnahme von Neukrediten nicht stoppt und anfängt, die gesamte Zinslast abzutragen, werden künftige Generationen dafür zu zahlen haben, dass die heutige Generation über ihre Verhältnisse gelebt hat!

Bleibt die Frage, woher der Staat das viele Geld bekommt, das er als Neukredit braucht. Hier gibt es zwei grundsätzlich verschiedene Wege: Entweder kann ein Staat sich im Inland – also bei seinen eigenen Bürgern – oder im Ausland – etwa bei dem IWF (Internationaler Währungsfonds), der Weltbank oder ausländischen Geschäftsbanken) verschulden.

Während viele Entwicklungsländer diesen zweiten Weg beschreiten (müssen), ist die Staatsverschuldung der Bundesrepublik zum größten Teil inländischer Art. Dieses hat sehr wichtige Konsequenzen, denn Zins- und Tilgungszahlungen, die im Falle einer Auslandsverschuldung sämtlich der eigenen Volkswirtschaft verloren gehen, bleiben bei der Inlandsverschuldung dem Geldkreislauf erhalten. Die Gläubiger der Bundesrepublik sind letztlich fast zu 100 % die eigenen Bürger und die Geldinstitute. Mit anderen Worten: Was auf der Seite des staatlichen Haushalts als (Zins- und Tilgungs-)Zahlung negativ zu Buch schlägt, erscheint auf der Seite der Gläubiger (Banken und Privatpersonen) als Einkommen! Also alles halb so schlimm? Bleiben die oben erwähnten 7,4 Mrd. € Zinszahlungen im Jahr 2000 also der Volkswirtschaft und dem nationalen Wohlstand letztlich erhalten? Dies ist zwar zweifellos richtig, die zunehmende Staatsverschuldung hat aber drei Konsequenzen:

- Um dem Staat Kredite geben zu können, muss man „flüssig" (liquide) sein, d. h., selbst ein genügend hohes Einkommen haben. Die Gläubiger des Staates kommen daher überwiegend aus der oberen Gesellschaftsebene. Die Zins- und Tilgungszahlen an eben diese Gläubiger dagegen stammen aus Steuergeldern, und der „Löwenanteil" der Steuereinnahmen des Staates stammt aus der Lohn- und der Mehrwertsteuer (vgl. S. 85) und damit von den „Normalbürgern". Letztlich bedeutet dies also eine Umverteilung von Teilen des Bruttoinlandsproduktes „von unten nach oben", zugunsten der Wohlhabenden.

- Je größer die Gesamtschuld des Staates, desto größer sind auch die Zins- und Tilgungszahlungen. Künftige Generationen werden also – wie schon oben erwähnt – damit belastet, dass sie einen guten Teil ihrer Steuerzahlungen für die heute gemachten Staatsschulden aufbringen müssen.

- Der Staat tritt auf dem Kreditmarkt als zusätzlicher Nachfrager auf – und dies im wörtlichen Sinne: Es gibt eine Abteilung im Finanzministerium, deren Beamte mit buchstäblich nichts anderem beschäftigt sind als damit, neue Gläubiger aufzuspüren, und die dazu alle vorhandenen Kontakte und Medien einsetzen. Dieser Kredithunger des Staates hat aber die „ganz normalen" Marktfolgen: Eine Erhöhung der Nachfrage bei gleichbleibendem Angebot treibt die Kosten in die Höhe. Die Kosten für Kredite sind die Kreditzinsen – der Staat hat also einen unmittelbar negativen, zinstreibenden Einfluss.

Formen der Verschuldung

Die Formen der Staatsverschuldung lassen sich mit dem Kriterium der Fristigkeit ordnen:
- Die kurzfristigste und flexibelste Form der öffentlichen Kreditaufnahme stellen ***Direktausleihungen*** durch Kreditinstitute dar (rund die Hälfte der Staatskredite).
- ***Schatzwechsel*** haben Laufzeiten bis zu zwei Jahren. Da sie einen hohen Stückwert (100 000 DM) haben, sind die Kreditgeber im Wesentlichen Kreditinstitute, private Versicherungen und Sozialversicherungen.
- Verzinsliche ***Schatzanweisungen*** (Kassenobligationen) laufen über 3–4 Jahre und werden an der Börse gehandelt.
- ***Bundesobligationen*** sind mit einem festen Zinssatz ausgestattet und jederzeit verkäuflich. Ihre Laufzeit beträgt fünf Jahre. Sie haben eine Mindeststückelung von 100 DM und können nur von Privaten, nicht aber von Bankinstituten erworben werden.
- ***Schatzbriefe*** wenden sich mit einer Mindeststückelung von 50 DM vor allem an kleine private Anleger.

„Leben wir, um zu arbeiten

oder arbeiten wir, um zu leben?"

Die Zukunft der Arbeitsgesellschaft

Geht uns die Arbeit aus? Zwei Tendenzen sind unter allen Fachleuten heute völlig unbestritten:

- Der sekundäre Sektor (die industrielle Produktion), der den Industrieländern in den letzten zwei Jahrhunderten sowohl einen enormen Anstieg der Realeinkommen als auch die Vollbeschäftigung gebracht hat, wird diese Stellung im dritten Jahrtausend einbüßen bzw. hat sie bereits verloren. Seit Mitte der 80er-Jahre sind mehr

Arbeitszeitformen im Wandel

Arbeitszeitformen im Vergleich (%)	1989	1995	1999
Vollzeitbeschäftigte	85	82	80
Teilzeitbeschäftigte	15	18	20
Gleitzeitarbeit	81	74	83
Nacht- und Schichtarbeit (regelmäßig)	14	13	18
Samstagsarbeit (regelmäßig)	30	32	35
Sonntagsarbeit (regelmäßig)	12	15	16
Überstunden (regelmäßig)	35	45	56
Arbeitszeitkonten	–	–	37
Normalarbeitszeitstandard	24	19	15

Menschen im tertiären (Dienstleistungs-)Sektor beschäftigt als in der Produktion.

- Die bezahlte Erwerbsarbeit und nur diese ist nach wie vor die einzige Möglichkeit, um zu dem zu kommen, was sie verspricht: Wohlstand, soziale Sicherheit, Ansehen und Identität. Dieses „Nadelöhr", durch das jeder gehen muss, will er diese Ziele erreichen, wird sich in Zukunft „weiten" und erheblich umgestalten: Die Trennung zwischen Arbeit, Freizeit und Leben, zwischen Arbeitsstelle und Zuhause, wird zunehmend aufgehoben und durchmischt.

Arbeitslosigkeit – Erwerbstätigkeit

Der Arbeitsplatz ist in unserer Erwerbsgesellschaft stets mehr als nur bloße Erwerbsquelle gewesen, er hat auch immer erheblich zur individuellen Identitätsbildung – zur Stärkung des eigenen Selbstbewusstseins wie zur Einordnung der eigenen Position im Sozialgefüge – beigetragen. Wirtschaftssoziologen unterscheiden deshalb nicht weniger als 10 (!) negative Folgen (volkswirtschaftlich wie individuell) der Arbeitslosigkeit:

Volkswirtschaftlich:
- Verschwendung produktiver Kräfte
- Zunahme der fiskalischen Belastungen
- Organisatorische Inflexibilität

Individuell:
- Freiheitsverlust und soziale Ausgrenzung
- Verlust von Fertigkeiten
- Psychische Schäden
- Stark erhöhtes Krankheits- und Sterblichkeitsrisiko
- Motivationsverlust
- Verlust menschlicher Beziehungen und des Familienlebens
- Verlust sozialer Werte und Verantwortung

Dennoch trifft die Vorstellung, dass unserer Gesellschaft die Arbeit ausgeht, nicht den Kern der Sache. Die Zahl der Erwerbstätigen hat sich in der Bundesrepublik in den letzten 50 Jahren von 21 Mio. auf rund 38 Mio. fast verdoppelt.

Sowohl in Deutschland als auch in den Industrieländern insgesamt wurden Anfang der 90er-Jahre historische Höchststände der Erwerbsarbeit erreicht. In den USA und Japan stieg die Zahl der Arbeitsplätze auch in den 90er-Jahren noch weiter an, während die Beschäftigung in den meisten europäischen Ländern konjunkturbedingt zurückging (vgl. dazu auch S. 108 f.). Aber selbst in Deutschland, Frankreich und Großbritannien lag die Zahl der Arbeitsplätze zu Beginn des neuen Jahrtausends höher als Mitte der 80er-Jahre.

Die anhaltend hohe Arbeitslosigkeit in vielen Ländern ist Ausdruck eines relativen Mangels an bezahlter und bezahlbarer Erwerbsarbeit. Zudem hat die Zahl der arbeitsuchenden Menschen sowie der Anteil der Menschen im erwerbsfähigen Alter schneller zugenommen als die Zahl der Arbeitsplätze, nicht zuletzt aufgrund der größeren Erwerbsneigung der Frauen. So ist z. B. der Prozentsatz der Erwerbspersonen im Vergleich zur Gesamtbevölkerung in Sachsen und Mecklenburg-Vorpommern deutlich größer als in Nordrhein-Westfalen oder Niedersachsen (rund 41 % gegenüber rund 39 %).

In der öffentlichen Wahrnehmung wird der Aspekt des längerfristigen Anstiegs der Erwerbstätigkeit nicht zutreffend gewürdigt; meist wird nur die Arbeitslosigkeit gesehen. Aber auch eine anhaltend hohe Arbeitslosigkeit macht noch keine „Krise der Arbeitsgesellschaft". Im Aufschwung der 80er-Jahre hat sich die Beschäftigung in Deutschland beispielsweise um rund drei Mio. erhöht.

Schon heute ist klar, dass die dem Arbeitsmarkt grundsätzlich zur Verfügung stehende Anzahl von Arbeitsfähigen (das *Erwerbspersonenpotenzial*), sich ohne Zuzug von Ausländern in die Bundesrepublik dramatisch verringern wird, was nicht nur der Rentengenerationsvertrag gefährden wird (vgl. S. 77).

Der Arbeitsmarkt von morgen

Es zeichnet sich seit den 90er-Jahren des letzten Jahrhunderts deutlich ab, dass die Ansprüche der Betriebe und Dienstleister an ihre Mitarbeiter von ganz neuen Qualifikationsprofilen geprägt sein werden, deren wesentliche Triebfeder der rasante technologische Fortschritt ist. Er führt dazu, dass ganze Berufsfelder an Bedeutung verlieren oder sich total wandeln: So steuern heute Drucker vor allem Computer für den Druckprozess.

Zwei Tendenzen sind zu erwarten:

- Einfache manuelle Tätigkeiten in Produktion, Lagerung und Transport verlieren ebenso an Bedeutung wie einfache Tätigkeiten in Büro und Verwaltung, da Maschinen (Roboter, Computer) besser geeignet sind (vgl. S. 21 – Substitution von Arbeit durch Maschinen).
- Dafür werden dispositive, beratende und kontrollierende Funktionen in den Vordergrund treten. Das erforderliche Ausbildungsniveau wird sich künftig weiter nach oben verschieben. Im kaufmännischen wie im gewerblichen Bereich werden künftig Mitarbeiter gefragt sein, die auf der Basis solider Fachkenntnisse in der Lage und bereit sind, im Team Problemlösungen selbstständig zu planen, durchzuführen und zu kontrollieren, sich für „ihr" Unternehmen verantwortlich zu fühlen und sich ständig selbst weiterzuqualifizieren.

Zwangsläufige Konsequenz aus den tief greifenden Strukturwandlungen der Arbeitswelt ist eine grundlegende Reform der beruflichen Erstausbildung im so genannten dualen System sowie der beruflichen Fort- und Weiterbildung. Diese Reform ist im Wesentlichen gekennzeichnet durch

- die Vermittlung von *Schlüsselqualifikationen*, z. B. Denken in komplexen Strukturen, Fähigkeit zur kritischen Informationsverarbeitung, Kooperationsfähigkeit, Konfliktfähigkeit, Kreativität, den kompetenten Umgang mit der Muttersprache und 1–2 Fremdsprachen,

- eine Veränderung der Kompetenzstruktur: Die Fachkompetenz verliert ihre alleinige Dominanz; Methoden- und Sozialkompetenz gewinnen zunehmend an Bedeutung,
- das Anstoßen handlungsorientierter Lernprozesse in der betrieblichen Unterweisung (projektorientiertes Lernen) und im Berufsschulunterricht,
- einen Trend von der Fremd- zur Selbstqualifizierung.

Fragmentierung von Berufsbiografien

Die industrielle Massenproduktion und die zugehörigen Werte und Prinzipien haben ausgedient; an deren Stelle treten *Flexibilisierung* und Individualisierung von Arbeit, Konsum und Freizeit. Das führt auch dazu, dass hierarchische (streng von oben nach unten gegliederte) Strukturen in Produktion und Verwaltung ersetzt werden durch dezentrale Organisationsstrukturen und Teamarbeit. Erwerbsarbeit wird weniger ortsgebunden, sie kann an wechselnden Orten, unterwegs und zu Hause (Telearbeit) erledigt werden. Diese Veränderungen erfordern ein hohes Maß an Flexibilität sowie die Bereitschaft und Fähigkeit zur kontinuierlichen Anpassung an sich wandelnde Bedingungen.

Stabile und langfristig sichere *Normalarbeitsverhältnisse* gehören ebenso der Vergangenheit an wie die Vorstellung, einen Beruf für das gesamte Leben zu erlernen und diese Lernphase mit Ende der Ausbildung abgeschlossen zu haben. Erwerbsarbeit wird von Phasen der Erwerbslosigkeit unterbrochen, Such- und Neuorientierungsphasen zunehmend als „normal" angesehen werden.

Das hat natürlich auch Folgen für das soziale Netz, das auf dem „Normalarbeitsverhältnis" beruht. Also müssen beide Bereiche schrittweise entkoppelt werden – etwas, das die Arbeitgeberverbände schon lange unter dem Stichwort der „privaten Altersvorsorge" fordern.

Mikroelektronik und Computer werden flächendeckend eingeführt. Moderne Arbeitsplätze sind über Multimedia vernetzt; Erwerbsarbeit wird zur Tätigkeit an der „Datenautobahn". Viele Tätigkeiten im Dienstleistungsbereich können durch direkte Spracheingabe in Multimedia-Systeme gesteuert und erledigt werden. Mikroelektronik und Vernetzung erlauben eine weitgehende Flexibilisierung und Kundenorientierung, die maßgeschneiderte Kundenberatung ebenso ermöglicht wie die Massenfertigung.

Flexible Arbeitszeitmodelle werden sich weiter durchsetzen. Entsprechende Arbeitszeiten sind – auch und gerade in der industriellen Produktion des sekundären Sektors – wegen der Automatisierung nicht mehr so stark an die Maschinenlaufzeiten gebunden. Produktionskapazitäten werden besser ausgelastet, Kapitalkosten gesenkt und die Produktivität erhöht, wie sich dies schon seit Jahrzehnten anbahnt.

Strukturelle Veränderungen auf dem Arbeitsmarkt

War bislang ein reguläres Arbeits- und Beschäftigungsverhältnis für die überwiegende Mehrheit der Erwerbstätigen als feste *Vollzeitanstellung* im erlernten Beruf definiert, so hat sich die Lage inzwischen beträchtlich verändert: Am Ende des 20. Jh.s waren in Deutschland nur noch rund zwei Drittel aller Erwerbstätigen „regulär" beschäftigt, während bereits 35 %–40 % in einem nicht-regulären Beschäftigungsverhältnis stehen (in den 60er-Jahren waren es erst 3 %). Diese „atypischen" Formen der Beschäftigung dürften in den nächsten zehn Jahren auf bis zu 50 % anwachsen.

Berufsarbeit als dauerhafte, qualifizierte Erwerbstätigkeit, die als Lebensgrundlage dient, wird es zwar weiterhin geben, sie wird jedoch zunehmend ergänzt durch diese heute noch atypischen Beschäftigungsformen, die vermutlich schon bald zur Normalität einer sich wandelnden Arbeitswelt gehören. Arbeit im erlernten Beruf „auf Lebenszeit" dürfte in ähnlicher Weise zur Ausnahme werden wie Ehen „auf Lebenszeit": Mehr und mehr Erwerbstätige sehen sich genötigt, im Zuge des Wechsels der Tätigkeit, des Arbeitsplatzes, des Arbeitgebers, des Wohnorts usw. ihren erlernten Beruf aufzugeben. Der Wechsel der beruflichen Tätigkeiten dürfte immer mehr zum „typischen" Verlauf einer Erwerbsbiografie gehören. Die atypischen, vom Normalarbeitsverhältnis abweichenden Beschäftigungsformen führen bei einer wachsenden Anzahl von Erwerbspersonen zu einer „fragmentierten" Erwerbsbiografie.

Lean Production

Viele Unternehmen betreiben ihre Neustrukturierung, indem sie sich „verschlanken", um Schwankungen in der Auftragslage und im Umfang der Wertschöpfung in dieser Weise aufzufangen. Dazu wird ein Netz von Kooperationspartnern, Zulieferern und „outgesourcten" (ausgegründeten) Betrieben geschaffen. *Outsourcing* meint, dass Tätigkeiten, die früher zum sekundären Sektor zählten wie Forschung und Entwicklung oder Planung und Design, aber auch Bereiche wie Personalwesen, Lohnabrechnung, Marketing, Service usw. in häufig formal selbstständige Dienstleistungsfirmen ausgelagert werden. Die Randbelegschaften (freie Mitarbeiter, Projektteams, „contingent workers") in den Ausgründungen müssen somit die Fluktuationen im Produktions- und Beschäftigungsvolumen auffangen. Es besteht dabei die Gefahr, dass sich eine Zweiklassengesellschaft von Mutterunternehmen mit privilegierter Kernbelegschaft einerseits und Ausgründungen mit fluktuierenden Randbelegschaften andererseits herausbildet.

Wenn die Arbeitsproduktivität im Industriesektor mittelfristig schneller steigt als die Produktion, ist (bei unveränderter Arbeitszeit) ein Abbau von Arbeitsplätzen die unausweichliche Folge. Im Jahr 1996 sank die Zahl der (abhängigen) Erwerbstätigen um 460 000 auf 34,36 Mio., die Zahl der Arbeitslosen stieg im gleichen Zeitraum um fast 360 000 auf 4,16 Mio. Der längerfristige Produktivitätszuwachs ist dramatisch: Wir können heute die Wertschöpfung von 1970 mit der Hälfte der damals erforderlichen Arbeitskräfte bzw. in der Hälfte der damals erforderlichen Arbeitszeit herstellen.

Traditionelle Merkmale		Moderne Merkmale
Starke Hierarchie	Hierarchie	Flache Führungspyramiden
Entscheidungen zentral und bürokratisch	Delegation	Entscheidungen werden auf die Ebene delegiert, wo sie anfallen, Tätigkeiten in Eigenverantwortung.
Klar abgegrenzte Aufgabengebiete. Extrem: Fließbandfertigung mit einfachen Handgriffen	Arbeitsteilung	Aufgaben werden von Teams interdisziplinär und über Hierarchieebenen hinweg gelöst.
Schwerfällig, keine unmittelbare Rückkopplung	Flexibilität	Reaktion auf Änderung, z.B. des Kundenverhaltens. Ziel: das lernende Unternehmen.
Technikorientiert. Beschränkt auf die dafür zuständige Abteilung	Entwicklung	Kundenorientiert. Abteilungen einschließlich der Zulieferer sind simultan in Entwicklungsprozess eingebunden.
In großen Sprüngen, durch Einführungen neuer Techniken	Verbesserung	Ständig fortlaufender Prozess unter Beteiligung aller Mitarbeiter.
Systemimmanent durch starke Bürokratie und geringe Verantwortung der Beteiligten	Verschwendung	Wird kontinuierlich vermindert.
Hoch, weil viele Puffer notwendig sind und weil auf Vorrat gefertigt wird. Viele unnötige Transportwege	Lagerhaltung	Gering. Geliefert wird, was sofort gebraucht wird (just in time), Fertigung auf Bestellung.
Endkontrolle: Fehler werden zu spät entdeckt. Die Beseitigung der Mängel kostet viel Geld.	Qualität	Permanente Kontrolle während des gesamten Produktionsprozesses.
Starr, feste Arbeitszeiten	Arbeitszeit	Flexibel, Ausgleich von Mehr- oder Minderarbeit über Zeitkonto.

„Traditionelle" und „moderne" Unternehmen

Diese gewandelte Unternehmensstruktur führt zur *Mehrfachbeschäftigung*. Auch wenn die Quote der Mehrfachbeschäftigten heute in allen Industrieländern noch niedrig ist, steigt sie jedoch deutlich an: In den USA liegt sie bei 6 %, in Europa im Durchschnitt bei 3,4 % (wobei sich die absolute Zahl der Mehrfachbeschäftigten in der EU zwischen 1987 und 1996 auf rund 5,1 Mio. verdoppelt hat); in Deutschland bei nur 2,7 % der Erwerbstätigen = rund 1 Mio., davon 40 % Selbstständige (alle Zahlen von 1998).

Zum Bereich der Mehrfach- und Nebentätigkeiten muss man auch die illegale Schwarzarbeit zählen. Dazu liegen naturgemäß nur grobe Schätzungen vor, doch dürfte der Anreiz zur Schwarzarbeit in dem Maße zunehmen, wie das Normalarbeitsverhältnis als Vollzeit-Dauerbeschäftigung sich auflöst und wie die Schere zwischen Brutto- und Nettolöhnen immer weiter auseinander klafft.

Um Kündigungsschutzregelungen zu umgehen, stellen Betriebe verstärkt Mitarbeiter nur befristet ein. Insbesondere unter den Jugendlichen unter 25 Jahren hat der Anteil der befristet Beschäftigten im Westen auf fast 16 % und im Osten auf 19 % (1998) zugenommen.

Der mit dem Zwang zu höherer Flexibilisierung einhergehende Wandel der Arbeits- und Beschäftigungsformen lockert zum einen verkrustete Strukturen auf, eröffnet insbesondere auch Frauen den Zugang zum Arbeitsmarkt, macht *Teilzeitarbeit* auch für Männer akzeptabel, erfordert Lernen und Umorientierung auf neue berufliche Tätigkeiten. Auf der anderen Seite bringen diese Umbrüche aber auch Verunsicherung, Entwurzelung, Konflikte und erzwungene Mobilität mit sich.

Selbstständigkeit/Scheinselbstständigkeit

1997 gab es in den alten Bundesländern über 2,8 Mio. Selbstständige (ohne Landwirtschaft), die Selbstständigenquote betrug rund 9 %. Zunahmen gibt es besonders im Bereich der privaten Dienstleistungen. Rund 66 % erbringen Dienstleistungen, wobei der Bereich der unternehmensorientierten Dienstleistungen die höchsten Zuwachsraten aufweist.

Ehemalige Arbeitnehmer versuchen verstärkt Existenzgründungen, Kombinationen von Job-sharing und selbstständiger Teilarbeit usw. Mit der Zunahme der Zahl der *Wissens-*

arbeiter dürfte sich dieser Trend weiter verstärken, da geistiges Kapital zur wertvollsten Ressource wird. Der Trend geht in Richtung kleiner Unternehmenseinheiten auf der Basis von *Werksverträgen*.

Das Problem der Scheinselbstständigkeit wurde erst Ende der 90er-Jahre sichtbar. Insbesondere im Baugewerbe gingen Unternehmen dazu über, Arbeitskräfte als formal selbstständige *Subunternehmer* zu beschäftigen. Die Vorteile für das Unternehmen liegen auf der Hand: Es gibt weder Tarifverträge noch Kündigungsschutz, da der einzelne Subunternehmer ja rechtlich ein frei verhandelbares Einkommen aus selbstständiger Tätigkeit bezieht, und auch die Lohnnebenkosten (vgl. S. 76) wegfallen. Auf der anderen Seite haben diese Subunternehmer keinerlei gesetzliche soziale Absicherung und keinerlei Schutz vor Krankheit, Invalidität usw. und keine Altersversorgung. Daher ist 1999 das „Gesetz gegen Scheinselbstständigkeit" in Kraft getreten.

Alternativen

Modelle für die zukünftige Entwicklung gibt es eine ganze Reihe. Sie zeichnen sich dadurch aus, dass bestimmte grundsätzliche Entwicklungsmöglichkeiten unserer gegenwärtigen Gesellschaft verabsolutiert werden.

Die Förderung der Hochleistungswirtschaft

Die Hochleistungswirtschaft kann ihre Konkurrenzfähigkeit nur bewahren, wenn sie optimale Bedingungen für verbesserte Rentabilität schafft, d.h., technischen Wandel und Innovationen forciert, denn dies sind zentrale Elemente des Wettbewerbs. Die Hauptursachen einer unbefriedigenden Wirtschaftslage liegen in Störungen und Fehlentwicklungen auf der Angebotsseite. Die Förderung von Innovationen und Modernisierung ermöglicht Wohlstand und Fortschritt und sichert die Beschäftigung. Zeit wird zum Wettbewerbsfaktor: Vorteile hat, wer in kurzer Zeit innovative Güter in hoher Qualität auf die Märkte bringt.

▶S. 110

Tabellen, Tafeln, Tricks

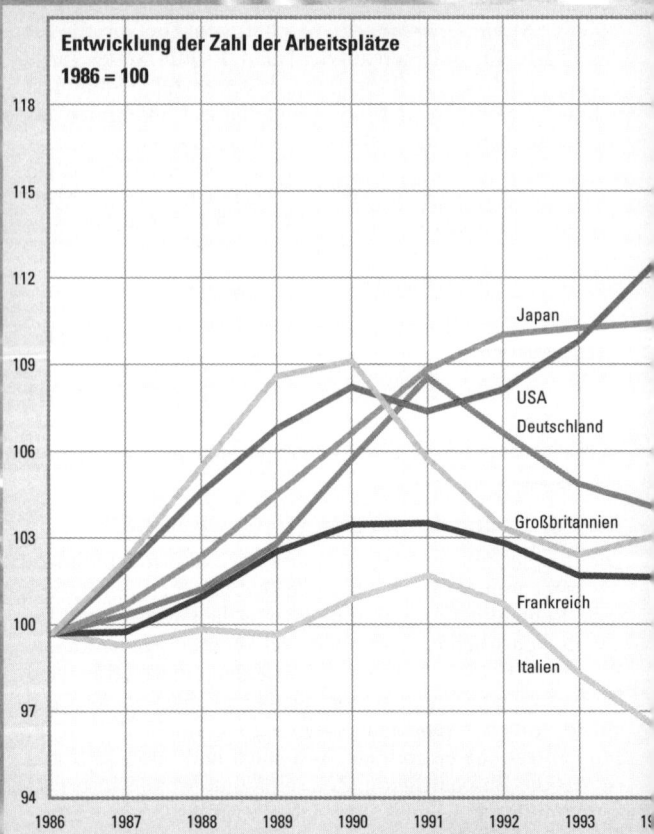

Entwicklung der Zahl der Arbeitsplätze
1986 = 100

Japan

USA

Deutschland

Großbritannien

Frankreich

Italien

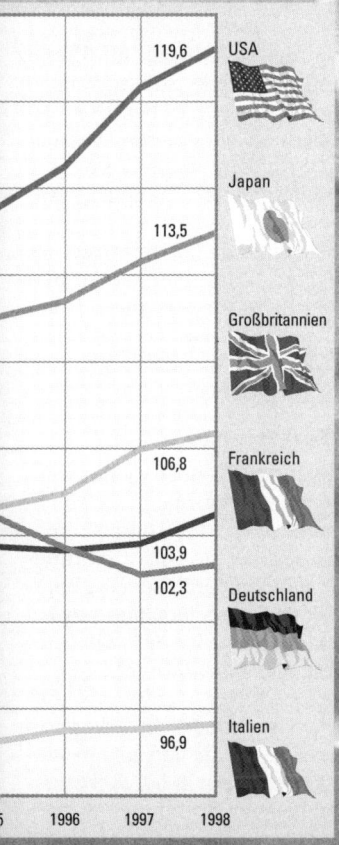

119,6	USA	
	Japan	
113,5		
	Großbritannien	
106,8	Frankreich	
103,9		
102,3	Deutschland	
96,9	Italien	

| | 1996 | 1997 | 1998 |

Von Winston Churchill stammt der berühmt-berüchtigte Satz: „Ich traue nur den Statistiken, die ich selber gefälscht habe." Die Grafik zeigt die Entwicklung der Arbeitsgesellschaft in den wichtigsten Industrieländern der letzten 15 Jahre.

Mit einem Blick wird deutlich, dass die USA der Gewinner dieses Vergleiches sind, denn in keinem anderen Land sind auch nur annähernd so viele neue Arbeitsplätze entstanden!

Was die Grafik aber unterschlägt, ist die Qualität der Arbeitsplätze. Parallel zum Abbau der Arbeitslosenzahlen entstand nämlich in des USA das Problem der „working poor". Denn die meisten der neu entstandenen Jobs werden so schlecht bezahlt, dass ein Arbeitsplatz zum Lebensunterhalt oft gar nicht mehr ausreicht. Viele Amerikaner sind daher gezwungen, zwei oder mehr Jobs nebeneinander anzunehmen, um das Existenzminimum für die eigene Familie und sich zu sichern.

Wachstumsschwächen werden durch die Globalisierung noch verschärft: Bei den traditionellen Gütern der „klassischen" Industriezweige drängen kostengünstigere Anbieter aus Schwellen- und neuen Industrieländern auf die Märkte; nicht mehr konkurrenzfähige Produktionsbereiche gehen verloren. So geraten die Arbeitsplätze zwischen die Mühlsteine der *Niedriglohnländer* einerseits und der *Hochtechnologieländer* andererseits.

Zur Wachstumsschwäche trägt der Reformstau im öffentlichen Sektor und der dadurch verzögerte Strukturwandel zur Dienstleistungs- und Wissensgesellschaft bei. Der Vergeudung von Ressourcen bei der Subventionierung veralteter Strukturen entspricht die Dürftigkeit bei der Förderung von Zukunftstechnologien, alternativen Energien, Bildungsstrukturen usw.

Die Strukturen auf den Arbeitsmärkten sind verkrustet; es gibt zu wenig Wettbewerb und zu wenig Flexibilität. Flächentarifverträge, die unterschiedslos für eine ganze Branche gelten, sind nicht mehr zeitgemäß. Der beschleunigte Abbau einfacher Arbeitsplätze ist eine direkte Folge überhöhter und weiter steigender Mindestlöhne.

Staatliche Lenkung des Fortschritts

Technischer Wandel und Innovationen können nicht aufgehalten werden; deswegen werden sie akzeptiert, aber nicht vorbehaltlos, sondern die öffentliche Hand soll durch Förderung die Richtung des Wandels bestimmen. Die Auswirkungen des technischen Wandels müssen durch sozial-, familien- und personalpolitische Maßnahmen gemäßigt werden (z. B. durch Personalentwicklung, Arbeitszeitflexibilisierung, Teilzeitarbeit, Programme für Frauen/Mütter).

Investitions- und Wachstumsschwächen werden als eine Folge der gesamtwirtschaftlichen Nachfrageschwäche gesehen, die ihrerseits auf Verteilungsprobleme und auf eine ungenügende Massenkaufkraft verweist. Auch bei verbesserten Angebotsbedingungen und höherer Rentabilität werden die privaten Investitionen nicht zunehmen, solange die

Unternehmen nicht eine höhere Auslastung ihrer Kapazitäten durch eine steigende Nachfrage erwarten können.

Wichtigstes Ziel ist daher die Stabilisierung der gesamtwirtschaftlichen Nachfrage, eine gerechtere Verteilung der Arbeit sowie eine angemessene Qualifizierung der Arbeitskräfte. Die Entwicklung von der *Arbeitsgesellschaft* zur *Tätigkeitsgesellschaft* soll durch Förderung eines gemeinwirtschaftlichen Sektors (neben dem marktwirtschaftlichen Sektor) vorangetrieben werden. Arbeit und „Tätigkeit" (Eigenarbeit in der Freizeit) müssen in ein neues Gleichgewicht gebracht werden. Dazu gehört auch eine Neubestimmung der Arbeitsteilung zwischen Männern und Frauen.

Bewusster Verzicht auf fragwürdigen technischen Fortschritt

Angesichts unseres Entwicklungsniveaus kann auf weiteren technischen Wandel verzichtet werden; auch weitere Einkommenszuwächse sind nicht länger vertretbar. Eine „alternative Lebensweise" schafft mehr individuelle und gesellschaftliche Lebensqualität als die Fortsetzung des Wachstumszwanges, der zerstörerische Wirkung auf Umwelt und Lebensqualität hat. Die herrschende Wirtschaftsweise ist Ausdruck einer Maßlosigkeit, die selbstzerstörerische Züge trägt. Was als „Fortschritt" gefeiert wird, ist in Wirklichkeit ein Verlust an Natürlichkeit und Qualität des Lebens. Der erreichte Stand der Technik und der Produktivität würde es den entwickelten Ländern heute erlauben, Arbeitszeiten und Ressourcenverbrauch drastisch zu reduzieren.

Vorrangiges Ziel des Konzeptes ist: Beschränkung oder Verzicht auf Wachstum und Einkommensverbesserungen; Integration von Arbeit und Leben in eine „sanfte" Arbeit mit frei gestaltbarer Zeit.

Von der „Arbeit" zur „Bürgertätigkeit"

Das Modell der Bürgerarbeit verringert die bezahlte Tätigkeit auf etwa die Hälfte der heutigen durchschnittlichen Arbeitszeiten (natürlich ohne Lohnausgleich, sonst wäre es nicht finanzierbar). Es hält die Bürger in der jetzt „gesparten" Arbeitszeit dazu an, im eigenen, im nachbarschaftlichen oder im sozialen Bereich unentgeltliche Arbeit zu leisten. Dies Modell stützt sich darauf, dass die Deutschen „Weltmeister" im Leisten ehrenamtlicher Tätigkeiten sind! Nach Schätzungen arbeiten ein Drittel bis ein Viertel aller Deutschen im arbeitsfähigen Alter in Vereinen – oft viele Stunden in der Woche. Es gibt allein rund 8000 Stiftungen in den Bereichen Bildung, Kultur, Soziales und Umweltschutz, die unentgeltlich öffentliche Aufgaben wahrnehmen.

„Nichtmarktgängige, gemeinwohlorientierte Tätigkeitsfelder können und müssen erschlossen und zu einem neuen, sozial verführerischen Zentrum gesellschaftlicher Aktivität gebündelt werden. Warum nicht Themen wie Bildung, Umwelt, Gesundheit, Sterbehilfe, Betreuung von Obdachlosen, Asylbewerbern, Lernschwachen sowie Kunst und Kultur zum Gegenstand selbstorganisierter, grundfinanzierter Bürgerarbeit unter der Regie eines ‚Gemeinwohlunternehmers' machen? Was könnte schief gehen? Am Ende könnte Bürgerarbeit dann Städte bewohnbarer, die aufgewandte Energie effizienter, die Kultur bunter, die Demokratie lebendiger machen." (Ulrich Beck in DIE ZEIT, 28.12.1997)

Diese Arbeit soll keinen Zwangscharakter haben oder der Schwarzarbeit Vorschub leisten, sondern Engagement fördern. Das niedrigere Einkommen, das sich zwangsläufig aus der Halbierung der Arbeitszeit ergibt, wird kompensiert durch die eigene Leistung und noch wesentlicher durch die unentgeltliche Arbeit der Nachbarn und anderen Bürger. Damit ist sie eine selbstorganisierte und projektgebundene Arbeitsform.

Mobilität

Die modernen Gesellschaften zwingen viele Menschen dazu, sich im sozialen Gefüge zu bewegen und ihre Positionen zu wechseln – ihren Beruf, ihren Betrieb, ihre Stellung innerhalb eines Betriebes oder ihre Schicht.

Diese Mobilitätsbewegungen sind grundsätzlich in zwei „Richtungen" möglich:

- *Vertikale Mobilität* bedeutet, dass mit dem Positionswechsel ein sozialer Aufstieg oder Abstieg verbunden ist, wenn die neue Position höher oder niedriger, besser oder schlechter ist als die alte. Steigt ein Arbeitnehmer z. B. nach Ablegung der Meisterprüfung in eine Vorgesetztenposition auf, bewegt er sich vertikal.
- *Horizontale Mobilität* liegt vor, wenn mit der Änderung keine Besser- oder Schlechterstellung verbunden ist, sondern bloß ein geografischer Ortswechsel.

Die Dynamik einer modernen Sozialstruktur weist stets einen Doppelaspekt auf: Zum einen bewegen sich Menschen im Berufs- oder Schichtgefüge einer Gesellschaft: zum anderen befindet sich auch das Gefüge selbst – die Berufsstruktur oder die Schichtstruktur – in ständiger Bewegung. Es verändert ständig seine Struktur. Strukturwandel und soziale Mobilität sind eng miteinander verknüpft: Menschen werden durch den Strukturwandel „gezwungen", ihre Positionen zu wechseln. Schrumpfende Schichten oder Berufsgruppen wie die Bauern „verdrängen" Menschen, sie üben einen Anstoßeffekt aus; expandierende Schichten – z. B. Dienstleistungsschichten – „ziehen" Menschen „an", sie üben einen Sogeffekt aus.

Die gegenwärtige Situation

Die Arbeitsmarktmobilität hat sich im Wiedervereinigungsprozess in den 90er-Jahren stark erhöht: Von Mitte 1990 bis Mitte 1991 mussten zweieinhalbmal so viele ostdeutsche Erwerbstätige die Stelle wechseln und dreimal so viele aus dem Erwerbsleben ausscheiden wie im Westen der Bundesrepublik.

Wenig Mobilität gibt es dagegen insbesondere in den Bereichen der staatlichen Dienstleistungen (also Behörden und allgemeine Verwaltung), Erziehungs- und Gesundheitswesen. Etwa zwei Drittel derjenigen, die in diesen Branchen ar-

	Universität[1]		Fachhochschule, Fachschule[2], Meister	
	Ost	West	Ost	West
1964	3	3	8	9
1976	6	5	12	9
1980	6	6	15	10
1989	8	7	18	12
1998	11	9	21	14

	Lehre, Berufsfachschule, Anlernberufe		Ungelernte[3]	
	Ost	West	Ost	West
1964	36	20	54	63
1976	51	50	29	35
1980	56	55	20	29
1989	61	58	13	23
1998	56	56	13	22

[1] einschließlich Lehrerausbildung, [2] einschließlich Technikerausbildung, [3] einschließlich Teilausbildung in der DDR

Entwicklung der Qualifikationsstruktur der Erwerbstätigen 1964 bis 1998 (in %)

beiten, waren ohne Stellenwechsel durchgängig beschäftigt.

Die Mobilitätsströme verlaufen eher horizontal und seltener vertikal. Dies gilt auch dann, wenn man Arbeitslose, Vorruheständler usw. ausblendet.

Was die vertikale Mobilität angeht, so gibt es in den 90er-Jahren eine sehr klare Trennung nach alten und neuen Bundesländern. In den neuen Bundesländern ist vertikale Mobilität hauptsächlich nach unten gerichtet, es überwiegen die sozialen Abstiege: 26 % mussten zwischen 1990 und 1994 absteigen, nur 18 % gelang ein sozialer Aufstieg. In Westdeutschland setzte sich dagegen in diesem Zeitraum die langfristige Tendenz zur Karrieremobilität fort: Den 20 % Aufsteigenden standen 11 % Absteigende gegenüber.

Auch geschlechtsspezifisch gibt es deutliche Unterschiede. Die Erwerbsquote bei Frauen zeigt allgemein seit Jahrzehnten deutliche Zuwachsraten, in den oberen Karriereetagen dagegen herrscht noch immer eine fast reine Männergesellschaft. Gerade einmal 6,3 % der Führungspositionen sind in deutschen Unternehmen mit Frauen besetzt. Keine Zeitung, kein Magazin, keine Illustrierte außer der taz hat einen weiblichen Chefredakteur.

Die Folgen hoher sozialer Mobilität für den einzelnen Menschen, insbesondere die Jugendlichen, können als durchaus zwiespältig eingestuft werden:

- Auf der einen Seite löst die hohe Beschleunigung des Strukturwandels eine dauernde Veränderung vieler Lebensumstände und damit eine große Unsicherheit aus.
- Auf der anderen Seite stellt das Aufbrechen alter Strukturen auch Chancen zur Umstellungsfähigkeit und Flexibilität, zum Lernen, zu neuer Offenheit und zu neuen Formen der Selbstverwirklichung bereit.

„LKW-Stau von Amsterdam bis Warschau

Europas neue Wirtschaftsachse

Der Wirtschaftraum Europa

Durch den europäischen Vereinigungsprozess entsteht ein geradezu gigantischer Wirtschaftsraum mit mehreren hundert Millionen Menschen. Doch gerade für Deutschland, das in der geografischen Mitte dieses neu entstandenen Verbundes liegt, hat diese Entwicklung auch negative Folgen, die jeder Autofahrer in Deutschland in den letzten Jahren am eigenen Leibe erfahren hat.

Logistik in Europa –
Irrweg oder Wohlstandsquelle?

Neben dem zunehmenden Individualverkehr führt der sprunghafte Anstieg des Güterfernverkehrs im europäischen Binnenmarkt immer häufiger zum Stillstand auf deutschen Straßen. Denn zum Frachtverkehr zwischen Nord und Süd kommt seit der Öffnung der Grenzen zu Osteuropa der wachsende Transitverkehr zwischen West und Ost.
Aus der Sicht der Unternehmen ist es rentabel, das Lohngefälle zwischen den Wirtschaftsstandorten in Europa zu nutzen und dabei die vergleichsweise niedrigen Frachtkosten in Kauf zu nehmen. Deshalb werden alle möglichen Waren von Lebensmitteln und Rohstoffen über Halbfertigprodukte bis zu Industriewaren kreuz und quer durch Europa gefahren. Da Deutschland in der Mitte dieses Wirtschaftsraumes liegt, gibt es Tage im Jahr, an denen man zu Recht die deutschen Autobahnen als den längsten Parkplatz der Welt bezeichnen kann! Krabben, im äußersten Norden Deutschlands gefischt,

werden zum Auspulen bis in den Mittelmeerraum und zurück gefahren, Schlachtvieh reist quer durch Europa usw. Die dabei erzielten Einsparungen sind höher und weniger risikobehaftet als Investitionen in neue Produktions- und Auslieferungsstandorte.

Auch der Trend zur lagerlosen Produktion *(Just-in-time)*, der die Straßen zu mietfreien Lager- und Transportbändern gemacht hat, leistet dieser Emtwicklung Vorschub. Statt teurer Lagerhaltung und einer entsprechend aufwändigen Logistik werden z. B. Autoersatzteile quer durch die Republik gekarrt und bei Bedarf vor Ort ausgeliefert.

All dies führt dazu, dass von den Güterbeförderungen in der EU heute etwa 70 % auf die Straße entfallen.

Spediteure betreiben für ihre Kunden komplexe Warenwirtschaftssysteme, die von der Bestellabwicklung bis hin zur Erstellung von Warenrechnungen (Fakturierung) reichen. Verlangt werden heute nicht mehr nur der Transport von A nach B, sondern vielmehr logistische und distributive Dienstleistungen, die den Spediteur in den Prozess von Industrie und Handel einbinden.

Nach Einschätzung von Verkehrsexperten wird sich der grenzüberschreitende Verkehr auf der West-Ost-Achse bis zum Jahr 2010 mehr als verdoppeln. Für den Abschnitt östlich von Hannover wird sogar mit einem Anstieg der Verkehrs- und Transportdichte auf das Dreifache gerechnet. Neben der Internationalisierung der Wirt-

Europas neue Achse

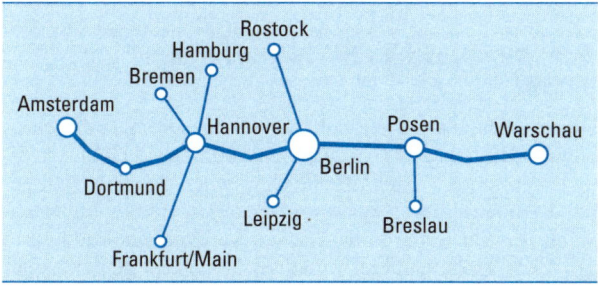

117

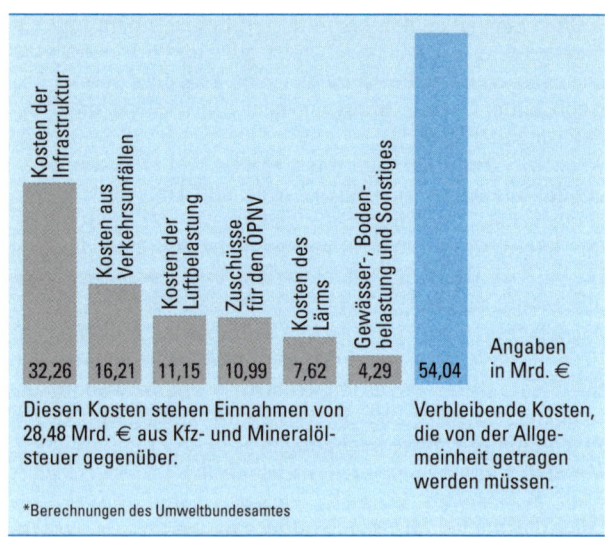

Kosten der Infrastruktur	Kosten aus Verkehrsunfällen	Kosten der Luftbelastung	Zuschüsse für den ÖPNV	Kosten des Lärms	Gewässer-, Boden-belastung und Sonstiges	
32,26	16,21	11,15	10,99	7,62	4,29	54,04

Angaben in Mrd. €

Diesen Kosten stehen Einnahmen von 28,48 Mrd. € aus Kfz- und Mineralöl-steuer gegenüber.

Verbleibende Kosten, die von der Allge-meinheit getragen werden müssen.

*Berechnungen des Umweltbundesamtes

Externe Kosten des Verkehrs

schaft und der wachsenden gegenseitigen Abhän-gigkeit bei der Zulieferung ist vor allem die Pro-duktionsverlagerung nach Osteuropa für diese Tendenz ver-antwortlich.

Dass Deutschland in Europa zum Transitland Nr. 1 gewor-den ist, hat sowohl finanzielle wie ökologische Folgen, wie die beiden Grafiken zeigen.

Der „Gemeinsame Wirtschaftsraum" der EU

Dieser gemeinsame Wirtschaftsraum ist seit 1992 der euro-päische Binnenmarkt. Ein Binnenmarkt ist ein Gebiet, wor-in das gesamte wirtschaftliche Geschehen sich nach weitge-hend einheitlichen Regeln und gleichen Bedingungen ab-spielt. Er war in der europäischen Vergangenheit identisch mit dem Hoheitsgebiet eines Staates. Ein gemeinsamer

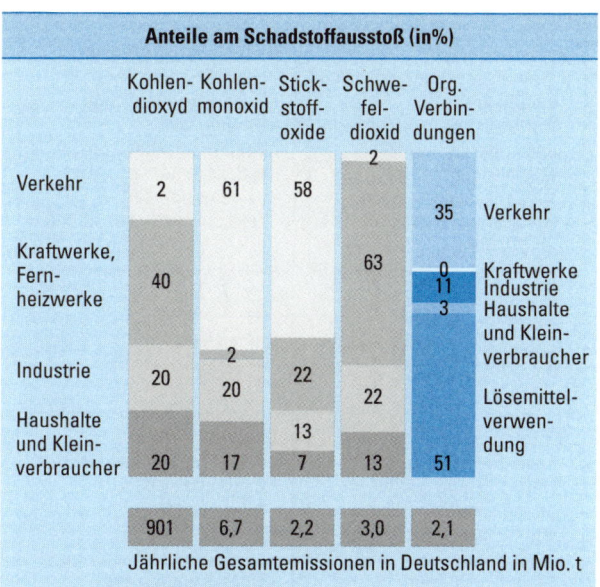

Anteile am Schadstoffausstoß (in%)

	Kohlen-dioxyd	Kohlen-monoxid	Stick-stoff-oxide	Schwe-fel-dioxid	Org. Verbin-dungen	
Verkehr	2	61	58	2	35	Verkehr
Kraftwerke, Fern-heizwerke	40			63	0	Kraftwerke
					11	Industrie
					3	Haushalte und Klein-verbraucher
Industrie	20	2	22	22		Lösemittel-verwen-dung
		20				
Haushalte und Klein-verbraucher	20	13	13			
		17	7	13	51	
Jährliche Gesamtemissionen in Deutschland in Mio. t	901	6,7	2,2	3,0	2,1	

Berechnungen des Umweltbundesamtes

Quellen der Luft-verschmutzung

Binnenmarkt entsteht noch nicht, wenn mehrere Staaten untereinander sämtliche Zölle beseitigen und eine Freihandelszone oder eine Zollunion bilden. Das Geschehen in jedem nationalen Markt wird durch viele Gesetze und Verordnungen geregelt. Sie unterscheiden sich zum großen Teil von Regulierungen anderer nationaler Märkte, sind zum Teil sogar absichtlich entgegengerichtet. Sollen nun zwei oder mehrere nationale Märkte zusammengeschlossen werden zu einem gemeinsamen Binnenmarkt, so müssen Dutzende oder Hunderte von unterschiedlichen, marktregulierenden Bestimmungen geändert, aufgehoben, angepasst oder gegenseitig anerkannt werden, damit alle Personen und Unternehmen die gleichen Chancen, Rechte und Pflichten haben.

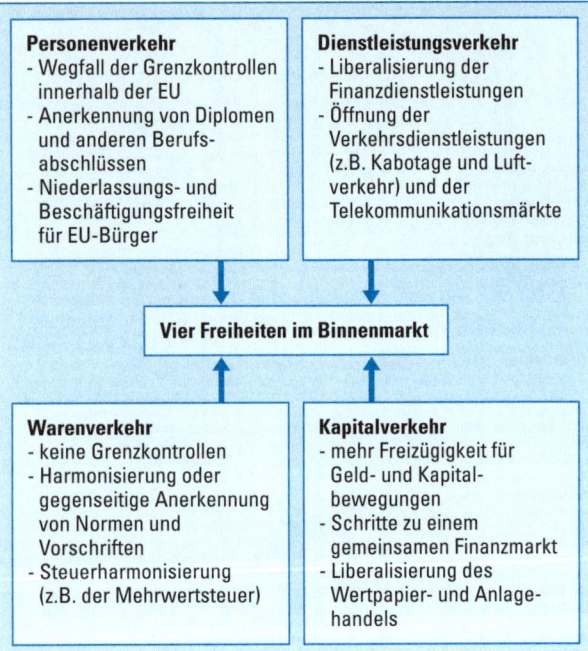

Personenverkehr	**Dienstleistungsverkehr**
- Wegfall der Grenzkontrollen innerhalb der EU	- Liberalisierung der Finanzdienstleistungen
- Anerkennung von Diplomen und anderen Berufsabschlüssen	- Öffnung der Verkehrsdienstleistungen (z.B. Kabotage und Luftverkehr) und der Telekommunikationsmärkte
- Niederlassungs- und Beschäftigungsfreiheit für EU-Bürger	

Vier Freiheiten im Binnenmarkt

Warenverkehr	**Kapitalverkehr**
- keine Grenzkontrollen	- mehr Freizügigkeit für Geld- und Kapitalbewegungen
- Harmonisierung oder gegenseitige Anerkennung von Normen und Vorschriften	- Schritte zu einem gemeinsamen Finanzmarkt
- Steuerharmonisierung (z.B. der Mehrwertsteuer)	- Liberalisierung des Wertpapier- und Anlagehandels

Freiheiten im Binnenmarkt

Seit Beginn des Jahres 1993 ist der Binnenmarkt, der die Staatsgebiete aller 15 EU-Länder umfasst, juristisch eingeführt, aber noch nicht verwirklicht. Die dafür notwendigen 219 Richtlinien der EU sind noch nicht vollständig in nationales Recht umgesetzt worden.

Die Grundidee der „vier Freiheiten" ist, dass sich Industrie und Dienstleistungsunternehmen (z. B. Versicherungen, Transportunternehmen) nicht mehr mit unterschiedlichen nationalen Steuern und Vorschriften herumschlagen müssen. Stattdessen können sie kostengünstig in hohen Stückzahlen für einen einzigen großen Markt ohne innere Grenzen produzieren und dürfen sich frei bewegen, ohne im anderen

Mitgliedsstaat gegenüber der heimischen Konkurrenz benachteiligt zu sein.

Damit in diesem Binnenmarkt keine zu großen *Wettbewerbsverzerrungen* entstehen, waren allerdings zwei Bündel von Maßnahmen durchzuführen:

- Die Mindestanforderungen für Sicherheit und Gesundheit der Arbeitnehmer sowie für den Verbraucher- und Umweltschutz sind mit Hilfe von knapp 300 Verordnungen festgelegt. Ansonsten soll jedes Produkt, das in einem Mitgliedsstaat hergestellt und verkauft wird, auch in den anderen Ländern zum Verkauf angeboten werden können.
- Die Mehrwertsteuersätze und die Verbrauchssteuern (z. B. auf Alkohol, Tabak und Benzin) sollen so weit wie möglich angeglichen werden. Sie schwanken zur Zeit zwischen 15 % (Luxemburg) und 25 % (Dänemark). Da es im Binnenmarkt keine Ein- und Ausfuhr mehr gibt, muss geregelt werden, welcher Staat (Ursprungs- und Verbrauchsland) die Steuer einziehen darf. Für die Mehrwertsteuer bleibt es zunächst bei der Besteuerung im Verbrauchsland.

Freie Grenzen für Personen bedeutet Freizügigkeit innerhalb der Union, freie Ein- und Ausreise, freien Aufenthalt, freies Wohnrecht, Niederlassungsfreiheit, Freiheit der Arbeitsplatzwahl. Diese Freizügigkeit gilt für alle EU-Bürger, wenn sie über Mittel verfügen, um ihren Lebensunterhalt zu bestreiten und eine ausreichende Krankenversicherung abgeschlossen haben. Diskriminierung von Bürgern eines Mitgliedslandes in einem anderen Land der Union ist verboten, da es wirtschaftlich gesehen Inland ist.

Anteile am EU-Haushalt 2000

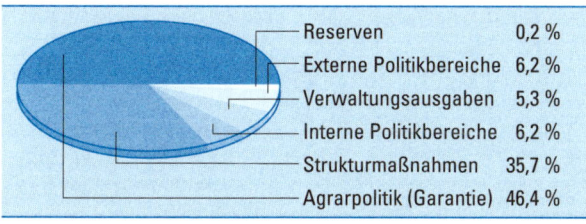

Reserven	0,2 %
Externe Politikbereiche	6,2 %
Verwaltungsausgaben	5,3 %
Interne Politikbereiche	6,2 %
Strukturmaßnahmen	35,7 %
Agrarpolitik (Garantie)	46,4 %

Vor- und Nachteile des gemeinsamen Marktes

Kontraargumente

- Der Binnenmarkt ist den Bedürfnissen großer Konzerne nach hohen Stückzahlen angepasst, er überfordert kleine und mittlere Unternehmen.
- Infolge des sich verschärfenden Wettbewerbs lässt sich der hohe Stand der sozialen Sicherheit und das Lohnniveau in der Bundesrepublik nicht halten.
- In der Umweltpolitik besteht die Gefahr der Nivellierung auf dem kleinsten gemeinsamen Nenner, da z. B. Frankreich in Fragen des Umweltschutzes (z. B. bei der Altautoverordnung) häufig bremst.
- Die wirtschaftlich unterentwickelten Staaten der EU werden durch den sich verschärfenden Konkurrenzkampf noch mehr ins wirtschaftliche Abseits geraten.

Proargumente

- Ein Markt mit fast 350 Mio. Verbrauchern erlaubt wegen seiner Größe eine kostengünstigere Produktion. Nutznießer des Binnenmarktes ist daher letztlich der Verbraucher.
- Die weltweite Konkurrenzfähigkeit der EU wird gestärkt, sodass der erreichte Wohlstand noch erhöht und die Zahl der Arbeitsplätze zunehmen wird. Ein ‚Sozial- oder Lohndumping' wird es daher nicht geben.
- Im Umweltschutz ist ein mittleres Niveau im europäischen Rahmen einer isolierten nationalen Umweltpolitik mit optimalen Grenzwerten auf jeden Fall vorzuziehen.
- Für die Standortwahl der Unternehmen sind neben Lohnhöhe und Sozialkosten auch Faktoren wie die Qualität der Infrastruktur oder das Ausbildungsniveau der Arbeitskräfte entscheidend.
- Die regionale Strukturpolitik soll den sozialen Ausgleich schaffen.

Der Gemeinsame Agrarmarkt

Fast die Hälfte des gesamten EU-Haushaltes flossen im ersten Jahr des neuen Jahrtausends in Form von Subventionen und sonstigen Zahlungen in den EU-Agrarmarkt! (Dies allerdings mit abnehmender Tendenz.)

Alle Agrargüter können – wie die industriellen Erzeugnisse auch – frei von Zöllen in der ganzen EU gehandelt werden. Im Gegensatz zum Markt für Industriegüter, der sich möglichst ohne Reglementierungen frei entfalten soll, legt die Gemeinschaft für die wichtigsten Agrargüter Regeln fest:

- Einfuhren vom Weltmarkt werden durch *Abschöpfungen* – eine Art Außenzoll – so stark belastet, dass sie normalerweise in der EU etwas teurer sind als die Preise, die den EU-Landwirten garantiert werden. Die allermeisten EU-Agrargüter haben also innerhalb der Gemeinschaft grundsätzlich bessere Absatzchancen. Umgekehrt wird bei EU-Ausfuhren dem Exporteur eine *Ausfuhrerstattung* gezahlt, die den Preisunterschied zwischen (höherem) Gemeinschaftspreis und Weltmarktpreis ausgleicht, also nichts anderes als die klassische Schutzzollpolitik ist.
- Für Getreide, Rindfleisch, Milch und Zucker werden darüber hinaus in „Marktordnungen" *Mindestpreise* fest garantiert, sodass auch eine Überproduktion innerhalb der EU nicht zu einem Preisverfall führt. Diese Garantien werden aber mittlerweile auf bestimmte Höchstmengen begrenzt. Die Preisgarantie wird dadurch eingelöst, dass diese Produkte zu den festgesetzten Mindestpreisen (Interventionspreisen) von Interventionsstellen aufgekauft werden, wenn der Bauer auf dem freien Markt keinen höheren Preis erzielt.

Die Agrarpolitik der EU hat dazu geführt, dass

- die Nahrungsversorgung ihrer Bevölkerung gesichert ist, was bei der Gründung der Gemeinschaft nicht der Fall war. Dies aber zu verhältnismäßig hohen Preisen und Kosten;

- die Produktivität der Landwirtschaft erheblich gestiegen ist, allerdings verbunden mit z. T. enormen Überschüssen sowie dem zunehmenden Einsatz umweltbelastender chemischer Hilfsmittel und fabrikmäßiger Produktion tierischer Erzeugnisse;
- die Landwirtschaft an der allgemeinen Einkommensentwicklung teilgenommen hat, aber regionale und strukturelle Unterschiede nicht abgebaut werden konnten.

Erste Schritte zur Lösung der durch den Agrarmarkt geschaffenen Probleme wurden inzwischen eingeleitet:

- Die Preise für einen Teil der Agrarprodukte wurden gesenkt oder nur sehr vorsichtig erhöht, um die Erzeugung nicht weiter anzuregen.
- Im Milchbereich wurde durch die Einführung der Garantiemengenregelung die bis dahin unbegrenzte Preis- und Abnahmegarantie auf eine bestimmte Ablieferungsmenge *(Milchquote)* eingeschränkt. Für Milchmengen, die der einzelne Landwirt über seine festgelegte Menge hinaus anliefert, muss er eine Abgabe entrichten, die zur Finanzierung der Überschussmenge beiträgt.
- Der Kern der Reform liegt jedoch im Getreidesektor, wo die Preise bis 1996 um ein Drittel gesenkt worden sind. Die Getreidebauern bekommen den vollen Ausgleich für ihren Einnahmeausfall, wenn sie 15 % ihrer Getreideanbauflächen stilllegen. Kleinerzeuger – in Deutschland über 80 % der Getreideanbauer – erhalten den Preisausgleich aber auch ohne Flächenstilllegung. Hinzu kommt, dass die Landwirte ihr Einkommen durch extensive, umweltschonende Bewirtschaftung, die von der EU finanziell unterstützt wird, deutlich erhöhen können.

Von dieser Agrarmarktreform erhofft sich die EU einen Abbau der Produktionsüberschüsse und damit auch der Lagerkosten. Langfristig könnte man die Steuerzahler entlasten, die als Verbraucher zudem in den Genuss sinkender Lebensmittelpreise kommen würden. Rückläufige Überschüsse würden zugleich die potenziellen Exportmengen verringern und damit der international heftigen Kritik an der EU-Exportsubvention entgegenwirken.

Bleiben der Umweltschutz und die artgerechte Tierhaltung auf der Strecke?

Die panischen Reaktionen, die im Frühjahr 2001 auf den Ausbruch der Maul- und Klauenseuche folgten, machen das Ausmaß der heutigen Missstände deutlich: Früher, als die Bauern noch artgerecht gehaltenes und dementsprechend robustes Vieh auf ihren Weiden stehen hatten, war MKS zwar unangenehm, aber keine totale Katastrophe. Angesichts des krankheitsanfälligen, mit Hormonen und Antibiotika gefütterten heutigen Hochleistungsviehs sind angemessene und mit Augenmaß getroffene Entscheidungen dagegen kaum noch möglich.

Internet-Adressen

Aktuelle und grundsätzliche Informationen zur Tarifautonomie und gegenwärtigen Tarifpolitik:
http://www.learn-line.nrw.de/Faecher/sw.htm

Allgemeine Informationen zum Verhältnis von Ökonomie und Ökologie:
http://www.learn-line.nrw.de/Faecher/sw.htm

Umfangreiche Informationen über das Prinzip des nachhaltigen Wirtschaftens, die diversen „Agenden" und die EU-Öko-Audit-Verordnung unter:
http://www.agrar.de/agenda/

Eine durch viele Links gut geeignete „Startseite" zum Thema Umweltschutz allgemein:
http://www.upi-institut.de

Der aktuelle Gesamtschuldenstand der Bundesrepublik sowie die Zunahme der Schulden im Sekundentakt können jederzeit abgerufen werden unter:
http://www.steuerzahler.de

Detaillierte Informationen über alle Bundesanleihen sowie eine tabellarische Übersicht finden sich auf der Homepage des Amtes für Bundesschuld:
http://www.bsv.de

Empfehlenswerte Literatur

Mühlbradt, Frank: Wirtschaftslexikon. Daten, Fakten und Zusammenhänge, Berlin (Cornelsen Scriptor), 6. Aufl., 2000
Wilke, Gerhard: Die Zukunft unserer Arbeit, Hannover (Landeszentrale für politische Bildung), 1998
Keim, Helmut/Steffens, Jürgen (Hg.), Wirtschaft Deutschland, Köln (Wirtschaftsverlag Bachem), 2000

Register